谨以此书
献给中国共产党成立100周年
(1921—2021)

农村现代化的苏州答卷

Nongcun Xiandaihua De
Suzhou Dajuan

主编 孟焕民

苏州市农业农村局
苏州市农村经济研究会 编

苏州大学出版社
Soochow University Press

图书在版编目(CIP)数据

农村现代化的苏州答卷 / 孟焕民主编. —苏州市农业农村局,苏州市农村经济研究会编. —苏州:苏州大学出版社,2021.10
 ISBN 978-7-5672-3749-0

Ⅰ.①农… Ⅱ.①孟… ②苏… ③苏… Ⅲ.①农业现代化—研究—苏州 Ⅳ.①F327.533

中国版本图书馆 CIP 数据核字(2021)第 217475 号

书　　名：	农村现代化的苏州答卷
主　　编：	孟焕民
责任编辑：	刘　海
装帧设计：	吴　钰
出版发行：	苏州大学出版社(Soochow University Press)
出 品 人：	盛惠良
社　　址：	苏州市十梓街 1 号　邮编:215006
印　　刷：	苏州工业园区美柯乐制版印务有限责任公司
E- mail：	Liuwang@ suda.edu.cn　　QQ：64826224
邮购热线：	0512-67480030
销售热线：	0512-67481020
开　　本：	787 mm×1 092 mm　1/16　印张：16.5　字数：288 千
版　　次：	2021 年 10 月第 1 版
印　　次：	2021 年 10 月第 1 次印刷
书　　号：	ISBN 978-7-5672-3749-0
定　　价：	98.00 元

图书若有印装错误,本社负责调换
苏州大学出版社营销部　电话:0512-67481020
苏州大学出版社网址　　http://www.sudapress.com
苏州大学出版社邮箱　　sdcbs@ suda.edu.cn

《农村现代化的苏州答卷》编委会

编委会成员：（按姓氏笔画排序）

马　刚　　王卫江　　王　纯　　宁春生

朱　民　　朱凌云　　祁立春　　孙正娟

李　俊　　吴文祥　　邱　峰　　何建华

宋建华　　宋　浩　　张　芬　　张建兴

张　剑　　张　强　　陆志荣　　陆增根

陈文忠　　陈邦玉　　陈桂娟　　陈　哲

季瑞昌　　周为友　　孟焕民　　俞广建

施赞红　　姚宏涛　　秦　伟　　秦建国

顾东华　　倪春鑫　　郭　玙　　唐诤民

唐晓东　　黄志强　　黄菊鑫　　曹　宏

葛　菲　　蒋来清　　谭建林

主　　编： 孟焕民

| 导论 | 001 |

| 起卷 苏州 这方水土 | 001 |

第一卷 振兴乡村产业	007
一、推进农业现代化	009
（一）为保护耕地划红线	009
（二）大力加强基础建设	014
（三）优化产业经营主体	020
（四）推进全程机械化	030
（五）推进科学施肥用药	033
（六）推进农作物种业发展	034
（七）推进耕地轮作休耕	036
（八）绿色生产	038
二、壮大集体经济	050
（一）农村集体经济发展的多样路径	050

（二）农村集体经济体制改革 …………………………… 055
　　（三）苏州农村集体经济百花盛放 ……………………… 059
三、发展新业态经济 …………………………………………… 064
　　（一）一、二、三产业融合发展 ………………………… 065
　　（二）农副产品深度加工 ………………………………… 066
　　（三）农产品电子商务 …………………………………… 068
　　（四）农校农科合作 ……………………………………… 071

第二卷　力补乡村短板 …………………………………… 073

一、公共基础设施更广地在农村覆盖 ………………………… 075
　　（一）路通 ………………………………………………… 075
　　（二）电通 ………………………………………………… 080
　　（三）水通 ………………………………………………… 082
　　（四）网通 ………………………………………………… 084
二、基本公共服务更多地向农村延伸 ………………………… 089
　　（一）倾斜 ………………………………………………… 090
　　（二）下沉 ………………………………………………… 094
　　（三）共享 ………………………………………………… 101

第三卷　彰显乡村特有功能 ……………………………… 107

一、彰显生态功能 ……………………………………………… 109
　　（一）治水 ………………………………………………… 109
　　（二）禁止开山采石 ……………………………………… 118
　　（三）湿地建设 …………………………………………… 120

目录

　　（四）农村人居环境整治 …………………………… 125

二、彰显文化功能 ……………………………………… 134

　　（一）吴歌传唱 ……………………………………… 135

　　（二）见贤思齐 ……………………………………… 139

　　（三）"首都"风采 …………………………………… 148

　　（四）舌尖上的讲究 ………………………………… 153

　　（五）乡愁有寄 ……………………………………… 158

三、彰显体验功能 ……………………………………… 171

　　（一）休闲农业 ……………………………………… 171

　　（二）组织举办各种农事节庆活动 ………………… 174

四、彰显旅游功能 ……………………………………… 176

　　（一）引进专业管理的文旅品牌公司 ……………… 177

　　（二）培育本土实力的投资建设企业 ……………… 177

　　（三）精心营造典型成长的良好氛围 ……………… 178

第四卷　创新乡村治理 …………………………………… 205

一、党建为"核" ……………………………………… 207

　　（一）增强基层党组织政治领导力 ………………… 207

　　（二）提升基层党组织号召力 ……………………… 208

　　（三）推进农村小微权力立体监督网建设 ………… 208

　　（四）开展"苏州身边榜样"等活动 ……………… 208

　　（五）探索基层党建新模式 ………………………… 209

二、自治为"本" ……………………………………… 220

　　（一）扎实做好民主选举 …………………………… 220

（二）深入推进民主协商 …………………… 221
　　（三）不断完善村（居）务公开 …………… 221
三、法治为"纲" ……………………………………… 229
　　（一）夯实法治基础，实施"四个一"工程 ……… 230
　　（二）推进法治建设，开展"四方面"活动 ……… 231
　　（三）提高法治实效，推进"四大行动" ………… 232
四、正风为"魂" ……………………………………… 238
　　（一）以思想建设为引领 …………………… 238
　　（二）以先进典型为标杆 …………………… 238
　　（三）以文明实践为抓手 …………………… 239
　　（四）以乡贤文化为依托 …………………… 239

后记 …………………………………………………… 246

导 论

一

　　党的十九大提出"实施乡村振兴战略",强调"加快推进农业农村现代化"。这是"农村现代化"概念第一次在我们党和政府的正式文件中提出。

　　"现代化"一词来自西方。从18世纪80年代起,但凡称"现代化"一般都以工业革命、技术革命为标志,最基本的内涵就是工业文明加城市文明,似乎与农村无缘。

　　从社会的全面进步角度看,"现代化"并非仅属于城市,农村同样应该有光辉灿烂的"现代化"前景。以提高人民群众生活水平和生存质量为出发点,借鉴现有的具有代表性的"现代化"定义,"农村现代化"可以表述为:在当代最新科技成果的带动下,以产业发展为基础,以环境优化和民生改善为着眼点,以不断满足人们对美好生活的多样性需求为目标,农村社会生活各个方面逐步脱离传统的过程。

　　农村,最直白的定义,就是指以从事农业生产为主的劳动者聚居的地方;是相对于"城市"的称谓。

　　农村对于中国,具有特殊的地位和价值。

　　人类文明都有自己的源头。中华文明是农耕民族创造的文明,是全世界独一无二的、5000年从未中断的文明。中华民族的历史基石或基本面是农耕社会,农耕文化源远流长、博大精深,农耕文化是中华一切优秀传统文化的根和源。中华民族的语言、文字,家国一体和天、地、人和谐相生的价值及理念,直至国家制度及发展道路的选择,都是植根于农耕文明的由里而外且浑然一体的产物。农村,是中华民族祖先生活的地方。时至今日,中国的绝大多数人甚至可以说所有人的根都可追溯到农村。对农村的热爱及情感是中华民族自立自强的根基。

　　数千年来,中国的先哲圣贤、有识之士无不把"农"放在至高的位置。"社稷"即土地、粮食,就是国家、江山;"桑梓"就是田园、故乡;"沧海桑田"

就是形容世事和时代的变化。

民主革命时期，毛泽东同志就是在汲取马克思主义理论精华的同时从农村调查入手，找到了中国革命的方向和道路，发动了伟大的农民革命斗争，提出了"农村包围城市"的革命方略，并最终带领中国共产党取得了革命的胜利，建立了社会主义新中国。

从苏州走出去的著名社会学家费孝通先生终生关注中国的农村问题，他认为，农村是事关中国怎么生存下去的大事。从20世纪30年代的"江村调查"到80年代苏南社队工业的蓬勃兴起，费老先生在不同历史时期坚持不懈地观察研究中国如何处理好城乡关系和农工关系，提出了"小城镇，大问题"的著名论断。

中国不能没有农村。第一，"农为邦本，食为政要"。悠悠天下事，吃饱肚子是第一等大事。而人的食品主要来源于农业，有农业就有农民，有农民就有农村。第二，中国是个人口大国，14亿人口不可能都生活在城市，农村必定是相当部分中国人的生存生活空间。第三，农村具有城市所没有的功能，而且随着经济社会文明程度的不断提高，农村所具有的特有功能会愈发彰显出它的珍贵和魅力。

新中国成立后，我们党和政府一直高度重视农村问题，20世纪50年代就提出了"建设社会主义新农村"的要求。在改革开放以来的40多年里，党中央一再强调农村工作及农村发展的重要性，强调把"三农"工作放在"重中之重"的位置，先后提出过"社会主义新农村""美丽乡村""田园综合体""三产融合体"等诸多新概念，直至党的十九大提出"实施乡村振兴战略"，以上提法都旨在解决一个带有根本性的国家命题——如何实现城市与乡村平衡、人与自然和谐、传统与现代融合。

二

城市，无疑是人类社会走向文明的一个重要标志。亚里士多德曾说："人们为了生存聚集于城市，为了美好的生活而居留于城市。"2010年上海世界博览会的主题就是"城市让生活更美好"。城市化是人类社会走向现代化的必由之路。

但在快速的、剧烈的城市化进程中，农民破产、农村衰败也成了一个世界现象。18世纪60年代发起于英国的第一次工业革命，加快了英国工业化、现代化的步伐，同时也给英国带来了一场深刻的社会变革，其中最突出的就是自耕农阶级的消失和乡村的崩解。20世纪90年代，日本专家学者通过大量的事实研

导 论

究得出了"村落终结"的结论。据日本国土交通部预测,到2040年日本会有将近900个城镇或乡村"消失不见"。

改革开放以来,随着我国经济社会的快速发展,随着工业化、城镇化的快速推进,全国各地也程度不同地出现了农业荒芜、农村衰败的问题,农村青壮年劳动力几乎都把追求前途的目光投向了城市,"空心村""老人村"到处出现并日益增多。失去了年轻人就意味着失去了希望,全国从上到下,社会各界,无不对农村的前景忧心忡忡。

农民破产、农村衰败这个世界性问题的实质就是工农关系、城乡关系。对于如何处理好这两个关系,不同阶级,不同政党,不同国家制度,由于出发点不同,所施行的政策措施也是完全不同的。在西方资本主义制度下,奉行优胜劣汰、弱肉强食、丛林法则这一套所谓的"普世"价值观,或听任城市工商资本剥夺农民、侵犯农村,或任由农村自生自灭,或通过行政力量推进"灭村运动",化乡村为城镇,农民被"城市化",农村衰败甚至消亡几乎成了不可避免的结局。而在中国共产党领导的社会主义制度下的新中国,坚持施行以城乡共同繁荣、全体人民共同富裕为目标的方针政策,不断研究新情况、采取新对策、开创城乡共同进步的新局面。

2018年9月21日,习近平总书记在中央政治局第八次集体学习时强调:没有农业农村现代化,就没有整个国家现代化;在现代化进程中,如何处理好工农关系、城乡关系,在一定程度上决定着现代化的成败;我国作为中国共产党领导的社会主义国家,应该有能力、有条件处理好工农关系、城乡关系,顺利推进我国社会主义现代化进程。习近平还强调,我国拥有13亿多人口,不管工业化、城镇化进展到哪一步,城乡都将长期共生共存。

这一段讲话向全党、向全国人民也可以说向世界传递出两条至关重要的信息:一条是中国的现代化是城乡长期共存的现代化,中国的现代化必须包括农村的现代化;另一条是中国有能力、有条件处理好工农关系和城乡关系。

党的十九大指出:"中国特色社会主义进入新时代,我国社会主要矛盾已经转化为人民日益增长的美好生活需要和不平衡不充分的发展之间的矛盾。"党的十九大对于"推动经济持续健康发展",明确提出了"实施乡村振兴战略","坚持农业农村优先发展","加快推进农业农村现代化"。大量事实证明,我国社会主要矛盾表现最突出、最典型的地方就是农村。"不平衡",数城乡发展不平衡最为严重;"不充分",数农村发展不充分最为明显。农业农村优先发展,加快推进农业农村现代化已成为国家现代化过程中的必然选择。

根据十九大精神，2018年9月中共中央、国务院印发了《乡村振兴战略规划（2018—2022年）》，明确指出："乡村是具有自然、社会、经济特征的地域综合体，兼具生产、生活、生态、文化等多重功能，与城镇互促互进、共生共存，共同构成人类活动的主要空间。乡村兴则国家兴，乡村衰则国家衰。"规划还指出："全面建成小康社会和全面建设社会主义现代化强国，最艰巨最繁重的任务在农村，最广泛最深厚的基础在农村，最大的潜力和后劲也在农村。"并要求"五级书记"一起抓乡村振兴工作，把农业农村优先发展原则体现到各个方面。其分量之重、心情之切，跃然纸上。

2019年4月15日，《中共中央 国务院关于建立健全城乡融合发展体制机制和政策体系的意见》（简称《意见》）发布，这是坚持农业农村优先发展、推进乡村振兴战略的重大决策部署。《意见》明确指出，建立健全城乡融合发展体制机制和政策体系，重要目的就是"重塑新型城乡关系，走城乡融合发展之路"，"以协调推进乡村振兴战略和新型城镇化战略为抓手，以缩小城乡发展差距和居民生活水平差距为目标，以完善产权制度和要素市场化配置为重点，坚决破除体制机制弊端，促进城乡要素自由流动、平等交换和公共资源合理配置，加快形成工农互促、城乡互补、全面融合、共同繁荣的新型工农城乡关系，加快推进农业农村现代化"。

以上两个文件，可以称为推进农村现代化的纲领性文件。

两个文件明确告诉人们：一是我们的"现代化"绝不是"西方化"；二是"农村现代化"决不能以城市为模本。评判农村现代化的标准应建立在以人为本、以人民为中心的理念之上，关键看是不是有利于发掘和拓展乡村的独特价值与多重功能，让人们生活得更好。

在相当长的一个历史阶段，我国社会的主要矛盾是贫穷、落后，而农村又是贫穷、落后最为集中的地方。人们向往城市当属常情，过上和城市人一样的生活很自然地成了农村人的憧憬。对"农村现代化"的理解，农村人也常常以城市作为参照物加以想象，"楼上楼下，电灯电话"，甚至把"天天洗个热水澡"也作为"现代化"的梦。

毋庸置疑，国家要实现现代化，城市化依旧是强大的动力源。城市，尤其是中心城市，具有完备的网络化的基础设施体系，完善的城市交通，水电气供应、通信，具有完善的产学研创新体系，拥有统一的区域治理机制，生产要素能够快速流动并提供多种优化整合的渠道。国际专家认为，"超级集合城市主宰未来世界"。党的十九大特别强调形成"以城市群为主体构建大中小城市和小城

导 论

镇协调发展的城镇格局"。

同时必须看到,随着经济社会的不断发展和进步,随着人们物质生活水平的不断提高,人们对美好生活的需要愈来愈多样化,兴趣消费、精神消费、信息消费、健康消费等已越来越成为一种潮流。热闹与宁静、时尚与传统、规范与自在、科技与自然、西洋与本土,都属于人们所追崇的生活方式。无数事实告诉我们,城市不可能满足人们对美好生活的所有需要,有许多方面的需要也只有乡村才能提供,尤其是生态产品,清新的空气、宁静的环境、大自然的风光。近几年来城市人所热捧的到乡村养老去,到小桥流水人家度假去,到天人合一的自然环境发呆去,到原生态的果园采摘去,到桃花盛开、梨花盛开、油菜花盛开、荷花盛开的地方观光去,等等,生动诠释了社会上流传的一句广告语:城市让生活更美好,乡村让城市更向往。

现代化运动始于西方,而西方主导的现代化模式,其逻辑起点是在资本、贪欲、权势刺激下的科学的病态发展,所带来的最终结果必然是灾难性的,它使人类生活丧失了许多情趣并充满了危机。19世纪末,英国在工业化、城市化发达到一定程度后,城市的雾霾、拥堵、嘈杂以及环境被污染、生态遭破坏等"城市病"引起了人们的抱怨和警觉,人们不得不将关注的目光重新转向乡村,饱受城市病之害的英国人说"英国的灵魂在乡村","一个真正的绅士一定是热爱乡村的"。那时英国有位名叫霍华德的社会学家设计了一个著名的"田园城市"方案,试图把一切最生动活泼的城市生活和美丽、愉快的乡村环境和谐地组合在一起,并断言"城市和乡村必须成婚,这种愉快的结合将迸发出新的希望、新的生活、新的文明",这可以称为西方版的城乡融合说。

河北省有个正定县,它距石家庄市15公里。1982年至1985年习近平在正定县工作期间,提出了探索"半城郊型"农村经济发展的新路子,对于农村与城市的关系处理总结出"投其所好,供其所需,取其所长,补其所短,应其所变"的二十字经。这二十字经也可称为新中国成立后一个区域的通俗形象的城乡融合说。

人类生活的最高境界是生态。"诗意栖居"是德国哲学家海德格尔对人类生活最高境界的精妙概括。从某种意义上讲,乡村的美更多的是一种体验的美、感悟的美,体验农事、体验闲适、体验自然,感知生命、感悟生命,让人感觉舒适惬意,比一般视觉里的美更为深刻、深沉。只有生活在山水、田林、湖草之间,才会滋生高尚的生存意蕴,才能切身感悟"绿水青山就是金山银山"及"人类命运共同体"之真谛。

复活并振兴乡村，是顺应人类社会对幸福生活的一种高品质追求，是推进"农村现代化"的历史使命。

由此，推进"农村现代化"可以形成这样一种逻辑关系：从国家整个经济社会大系统平稳、健康、可持续发展和不断满足人民日益增长的美好生活需要出发，以乡村振兴为总抓手，以城乡融合发展为主要路径，努力解决城乡发展不平衡、农村发展不充分的问题。坚持以当代最新科技成果武装农业，深入推进农业现代化；坚持在民生领域不断缩小城乡差距，推进公共基础设施更广地在农村覆盖，基本公共服务更多地向农村延伸；坚持彰显乡村优势，激活新动力，发展新业态，发掘新功能，打造新模式。

三

国家现代化是一个大局，不能仅仅是一部分区域发达，而应该是每个区域都不能落下；也不能仅仅是经济、科技的发达，还必须有粮食安全、生态安全、边疆安全。我国幅员辽阔，人口众多，各地自然资源禀赋差别之大世界少有。在广阔的中国大地上，有平原，有高原，有沙漠，有草原，有水网密布，有崇山峻岭，气候条件也非常复杂，区域发展不平衡不协调问题十分突出。对此，党的十九大提出实施区域协调发展战略，发挥各地区比较优势，促进各类要素合理流动和高效集聚，走合理分工、优势互补的发展路子。

习近平总书记说"文明是多彩的"。农村现代化也应该是多彩的。由于地情不同，各地建设现代化的路径、方法理应不一样。农村现代化犹如一幅五彩缤纷、绚丽斑斓的图画，每个乡村都可以根据自己的创造力来实现现代化，不同地区的农村可以用不同的方式凸显其特有的光彩。

中华文明是世界上独特的一种文明，苏州文化可以称得上是中华文化百花园中很是鲜艳的一枝。

苏州地处长江中下游平原，东邻上海，南接浙北，西抱太湖，北依长江，总面积8600多平方公里，山地丘陵只占2.7%，水面占36.6%，四季分明，雨量充沛，物产丰富，素有"鱼米之乡""丝绸之府""状元之乡""人间天堂"等美誉。这些美誉不是空泛、抽象的概念，也不是文人墨客的诗意描绘，而是直接体现在自然的民间生活方式里，不仅仅表现为人们对物质生活的讲究，同时也表现为人们内心的舒缓与放达。

苏州人多地少，城镇密集，在直径100公里的范围内，就有上海、苏州、无锡、常州、南通、泰州、湖州、嘉兴等大中城市包围着农村，再加上便利的水

导 论

陆交通，苏州便成了全国工商业发展最早、门类最全的地区，成了民间手工业、手工艺最繁盛的地区，成了城乡关系最为密切的地区。

千百年来，苏州农村常常会展示出不同时期、不同内容的独特魅力与骄傲。改革开放以后，农业生产家庭承包，乡镇工业蓬勃兴起，多种经营百花齐放，苏州农村一度呈现出极为兴旺的景象。

随着改革开放的深入推进，随着工业化、城市化的步伐加快，由于时代的局限性以及人们对经济社会发展规律认识的局限性，苏州农村曾经历过一个野蛮无序的发展阶段，开山采石，围网养殖，小微企业遍地开花，一系列矛盾和问题逐步显现，耕地难保，湿地骤减，农业萎缩，河道污染，村庄"空心化""老人化"日趋严重。

在一个个严酷的现实面前，苏州各级党委政府和广大干部群众都在重新思考为什么发展及发展什么、怎么发展的问题，从科学发展、可持续发展的要求出发，校正发展方向，转变发展思路，走提高质量和效益、优化环境、保护生态的新路。尤其在党的十八大以后，苏州农村工作认真贯彻落实新发展理念，采用法制的、政策的等多种措施，增加对农村的制度供给、财政供给，以及资本、技术、人才等要素的供给，推进农村现代化。

严格保护耕地，大力推进农业工业化、信息化、集约化，加快农业现代化步伐；大力发展农村新型集体经济，多种形式的合作社纷纷兴起，新业态的推广大大拓宽了农村经济发展的天地；高度重视农村各项基础设施建设提档升级，公共交通、区域供水、生活污水治理实行全覆盖；严禁开山采石，拆除太湖、阳澄湖过量的围网养殖设施，修复山体，恢复湿地，退田还湖，全面施行生态补偿政策；大力加强农村公共服务事业发展，促进教育、医卫、文体、养老等方面的优质资源城乡居民共享，促进各种保障城乡一体化；大力提高农村居民的生活水平，城乡居民收入差距连年缩小；坚持不懈地开展新农村建设，在创建"美丽乡村""特色田园乡村""特色康居乡村""特色小镇""美丽庭院""共享农庄"等活动方面，走在了全省乃至全国的前列。

苏州紧邻大上海，正确处理与上海的关系，强化城乡联系，活化生产要素，一直是苏州发展定位和发展战略选择的重要取向。苏州主动与上海进行方方面面的接轨，包括交通接轨、产业接轨、政策接轨、体制机制接轨，接受上海在产业、技术、文化、教育、对外开放等多方面的影响、带动、辐射。同时，苏州还大力发掘和弘扬苏州"人间天堂"的优势，尽展江南之韵及水乡之美。苏州有青山绿水，湖光山色，月月有花，季季有果，天天有鱼虾，苏州有古城、古镇、古村落，苏州园林精妙绝伦，苏州民间工艺门类众多，刺绣、玉雕、核雕、木刻年画、缂丝等闻名世界，苏州的昆曲、评弹等艺术享誉海内外。苏州有吃、有玩、有看、有故事，深受上海人青睐。每逢节假日，上海人都喜欢往苏州跑，因为苏州能让他们享受清新、轻松以及慢节奏的惬意。深秋季节，阳澄湖大闸蟹上市，前前后后会有数以百万计的上海人驱车前往阳澄湖周边的乡镇，将品尝阳澄湖大闸蟹作为一种时尚。

四

苏州是当年邓小平最早印证"小康构想"的地方，苏州也是习近平认为可以"勾画现代化目标的地方"。2020年春，苏州市人民政府与中国农业科学院在北京联合发布了全国首个基本实现农业农村现代化评价考核指标体系。2021年初，江苏省农村工作会议通报了全省2020年度乡村振兴实绩考核情况，苏州市及所辖县级市均位列综合排名第一等次。

苏州农村现代化画卷正徐徐展开，它呈现给人们的，是江南水乡的清新，物产丰富的满足，城乡交融的便利，闹中取静的幽雅……

农村现代化是个过程，是对什么是现代化的认知过程，是对人与自然关系的认知过程，是对人的多元需求的认知过程，是对社会发展规律的认知过程，也是乡村格局重构、乡村功能重塑的过程。

人们对美好生活的向往是丰富的、多样的，而且是会变的，乡村的独特价值在不同层次人的心目中是不一样的。人类未来生活的最高标准是生态。当人的物质生活水平和文化水平达到一定层次后，人们会越来越追求精神的、心灵的、生态的享受，会越来越向往农村。

"日出江花红胜火，春来江水绿如蓝。能不忆江南？"随着现代化建设的深入推进，苏州农村一定能成为具有相当层次的人生活的地方，一定能吸引并留住越来越多的有梦想、有才华、有能力的年轻人。

苏州农村，前程似锦。

起卷

苏州　这方水土

苏州，一个悠久而响亮的地方名称。

今之苏州市，其行政区域，除苏州市区外，还包括周边的一大批城镇和农村。它辖姑苏、虎丘、吴中、相城、吴江等 5 个区和 1 个功能区——苏州工业园区，代管张家港、常熟、太仓、昆山等 4 个县级市。总面积 8657 平方公里，现有常住人口 1275 万人。

苏州地处长江三角洲太湖流域，东临上海，南接浙北，西抱太湖，北依长江。

苏州地势低平，平原占总面积的 54.8%；山地面积占 2.7%，主要是沿太湖丘陵地带；水面占 36.6%，境内有 2 万多条河流，300 多个湖泊。

苏州属于亚热带过渡地区，气候温和湿润，四季分明，雨量充沛。年降水量在 1100 mm 左右，年均气温 15.7 摄氏度左右。春季，风和日丽，细雨绵绵；夏季，炎热多雨，熏风习习；秋季，天高云淡，晴朗舒适；冬季，朔风不烈，少有冰冻。

苏州是全国独有的交通要冲，东西向有黄金水道——长江，闻名于世界的京杭大运河贯穿苏城南北，往东直通大海，唐代高僧鉴真第六次成功东渡日本的出发点就在张家港市的黄泗浦，明代郑和七次下西洋的起锚地均在太仓市的刘家港。江航、河航、海航，全国 3 条主要水上航道交汇在此。

苏州的农业文明历史悠久，是我国最早栽培水稻的地区之一，也是全国著名的水稻高产区。同时还种植麦子、油菜、花生及多种瓜果蔬菜。苏州的淡水鱼产量居全国之首，塘田盛产莲藕、芡实、茭白、菱角等。沿太湖的丘陵山地出产枇杷、板栗、杨梅、碧螺春茶等，且都享有盛名。

在农业文明时代，苏州是全国最发达地区之一。唐德宗时韩愈写道："当今赋出于天下，江南居十九。"而苏南浙北的"三吴"又数江南最为发达。唐诗人杜牧说："三吴者，国用半在焉。"曾任苏州刺史的白居易又说："当今国用多出江南，江南诸州，苏最为大。"及至南宋，则形成了以苏州为中心的太湖流域的国家经济中心。据史学专家推算，宋代的苏州、湖州两地每年生产的粮食可分给全国每户 1 石（1 石≈60 千克），故有"苏湖熟、天下足"的谚语。

在苏州农业文明中，蚕桑及丝绸居有十分重要的地位。苏州的蚕桑及丝绸有着非常悠久的历史，其规模之大位列全国之冠，其加工技艺之精湛、产品种类之丰富亦为全国之最。丝绸，除作为服饰原材料外，还附有丰富的文化功能，经常服务于工艺、美术、装帧、礼仪、宗教等，越来越成为一种身份的象征。进入明清时代，随着工商业的快速发展，随着我国对外贸易的开启，丝绸的地位日益上升。发达的蚕桑丝绸业，带动了农村家庭副业，带动了农村小集镇的兴盛繁荣。那时的沿太湖地区，被人形容为"桑柘遍野，无人不习蚕"，"遍地桑蚕，满目锦绣"。清代前期，苏州织造局的生产规模位列"江南三织造"之首。

"鱼米之乡""丝绸之府"，加上四通八达的交通条件，成就了苏州经济文化在明清时期独领风骚的地位。清康熙时人沈寓在《治苏》中说道："东南财赋，姑苏最重；东南水利，姑苏最要；东南人士，姑苏最盛。"俨然一派全国经济文化中心的景象。

水，是苏州的灵魂，也是苏州最鲜明的文化符号。江南，因水而名；苏州城镇，依水而兴；苏州乡村，伴水而灵。经过久远的水的浸润，苏州地区居民形成了勤劳、精细、灵活、包容、内敛的性格特征。苏州农民，种植精耕细作，养殖精养细管；苏州古典园林，精雕细琢，取法自然，咫尺之内再造乾坤；苏州民间手工艺，可称天下一绝，门类众多，妙手辈出，苏绣、苏雕、苏扇、苏灯、苏工、苏作誉满四海，"民间艺人不分男女，各有绝活"；苏州人对"吃"也有讲究，"有时而食"，"不时不食"，春、夏、秋、冬各有各的食谱；苏州的民风民俗也带有浓郁的水乡韵味，无不投射出清、秀、雅、柔的底色。

也是缘于水，历史上凡苏州主政者，几乎都将治水作为要务。伍子胥、黄歇、白居易、范仲淹、郑鄤、夏原吉、张国维、林则徐等，都在主政苏州期间留下了治水的辉煌。

千百年来，苏州的教育与发达的经济文化相伴相随，同样具有深厚的底蕴和良好的风气传承。至两宋时期，苏州地区已被人们形容为"人文渊薮"，文风鼎盛，号称"文采风流天下冠"。至明清时期，苏州读书之风更盛，府学、县学、书院、社学、义学、私塾、家塾遍布城乡各地。清代全国共有 114 位状元，苏州就占了 26 席，故称"状元之乡"。现在苏州又被称为"院士之乡"，据资料统计，至 2018 年年底，全国 1700 名两院院士中，有 120 人是苏州籍。

紧邻上海，是苏州得天独厚的区位优势。苏州与上海，有着剪不断、理还

起 卷

乱的历史渊源，两地人缘相亲，文脉相通。近代以来江南发生的最大的角色互换就在苏州与上海之间。当今上海，已成为国际化大都市，是全国的经济、金融、贸易、航运、科技创新中心。改革开放四十多年来，苏州的经济社会发展取得令世人瞩目的成就，其中一个重要原因就是得益于上海的影响、带动和辐射。

世界上一切事物都是相互联系的。苏州与上海之间最合天理的关系，终将是生命的互动、要素的互补、大小轻重及城乡的互撑。随着"长三角一体化""都市圈"及"乡村振兴"等国家战略的实施，苏州农村现代化的前景将会愈发多彩而美丽。

苏州市全图

苏州地处长江三角洲太湖流域,东临上海,南接浙北,西抱太湖,北依长江,京杭大运河贯穿南北,与上海、无锡、常州、南通、泰州、嘉兴、湖州等大中城市都是近邻。

起 卷

苏州市市域图

　　苏州市辖姑苏、虎丘、吴中、相城、吴江等5个区和1个功能区——苏州工业园区，代管张家港、常熟、太仓、昆山等4个县级市，总面积8657平方公里，其中水面占总面积的36.6%。苏州市2020年各项主要指标见表1。

表1 苏州市2020年主要指标

面积	8657.32 平方公里
常住人口	1274.83 万人
总人口	1700 万人
经济总量	20170.45 亿元
地方财政（一般公共预算收入）	2303 亿元
工业规模以上总产值	34823.95 亿元
进出口总额	3223.5 亿美元
城镇常住居民人均可支配收入	70966 元
农村常住居民人均可支配收入	37563 元
市户籍人口人均期望寿命	84 岁

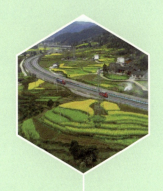

第一卷
振兴乡村产业

乡村振兴，关键是产业要振兴。
——习近平 2018 年 4 月在海南考察时强调

产业兴旺，是解决农村一切问题的前提，从"生产发展"到"产业兴旺"，反映了农业农村经济适应市场需求变化、加快优化升级、促进产业融合的新要求。
——习近平（《在十九届中央政治局第八次集体学习时的讲话》）

百度解读： 产业发展是指产业的产生、成长和进化过程，既包括单个产业的进化过程，又包括产业总体，即整个国民经济的进化过程。而进化过程既包括某一产业中企业数量、产品或者服务产量等数量上的变化，也包括产业结构的调整、变化、更替和产业主导位置等质量上的变化，而且主要以结构变化为核心，以产业结构优化为发展方向。因此，产业发展包括量的增加和质的飞跃，包括绝对的增长和相对的增长。

产业，是乡村发展的根基，乡村产业发展是农村现代化的首要。

苏州从未放松过农村产业发展。

苏州人多地少，耕地珍贵。一代又一代苏州人，像保护生命一样保护耕地，保护自然资源，并且用"苏绣"的细功夫、巧功夫，积极发展乡村产业，不断提升乡村产业的质量和水平。

一、推进农业现代化

中国有句古语："民以食为天。"在人类的一切生活资料中，居于首要地位的是食物。

农业，是生产食物的产业，是农村最具价值的产业。"食物是第一位的"。农村现代化，首要标志是农业现代化，包括种植、养殖、林果等生产过程中的现代化。

苏州农业具有悠久而光辉的历史传统。苏州水稻种植起源于新石器时代。据考古学家对原吴县唯亭镇草鞋山文化遗址出土的一批炭化粳、籼稻谷等史物的考证，吴地先民在6000多年前就已经掌握了人工栽培水稻的技术。自宋代起，苏州所处的太湖地区水稻种植规模大、产量高，享有"苏湖熟、天下足"的美誉，太湖流域的苏州成为全国粮仓。

（一）为保护耕地划红线

食物取之于土，土地是农业生产的根本所在。农业生产的本质是人与土的循环。要实现农业的可持续发展，实现农业现代化，首要一环就是保护好土地。

改革开放后较长一段时间，在工业化、城市化、市场化快速推进的背景下，苏州各地曾局限于通过扩张来实现经济快速增长的路径依赖,耕地被占用的问题十分突出。至21世纪初,苏州人均耕地0.58亩,低于全省、全国水平,也低于联合国粮农组织规定的最低警戒线。

保护耕地,已经是苏州人民刻不容缓的责任,必须守住保护耕地"红线"!

2008年11月19日,苏州市人大常委会召开主任会议,专题研究如何保护有限的耕地。会议要求,市政府要加强执法,制止浪费土地,依法严查各类违法违规使用土地、破坏耕地的行为,努力保证用地秩序和土地可持续发展。要切实转变发展观念,保护好现有基本农田,节约和合理利用每寸土地,走资源集约化发展道路。全市各级人大要针对苏州实际,结合城乡一体化发展综合配套改革,充分运用议案、建议等形式,积极关注苏州"三农"工作和耕地保护问题,同时加大执法监督,坚决制止浪费土地,坚守325万亩"红线",推动苏州市全面协调可持续发展。

2012年年底,苏州市政府出台《关于进一步保护和发展农业"四个百万亩"的实施意见》,落实"四个百万亩"(优质水稻、高效园艺、特色水产、生态林地各100万亩),强调"守住方寸田,留予子孙耕"。

到2013年年底,苏州全市完成"四个百万亩"落地上图工作,建立了"四个百万亩"数据库。苏州全市"四个百万亩"上图总面积为413.10万亩,完成率100.62%,其中优质水稻112.18万亩、特色水产103.05万亩、高效园艺96.90万亩、生态林地100.97万亩。

第一卷 振兴乡村产业

一、推进农业现代化

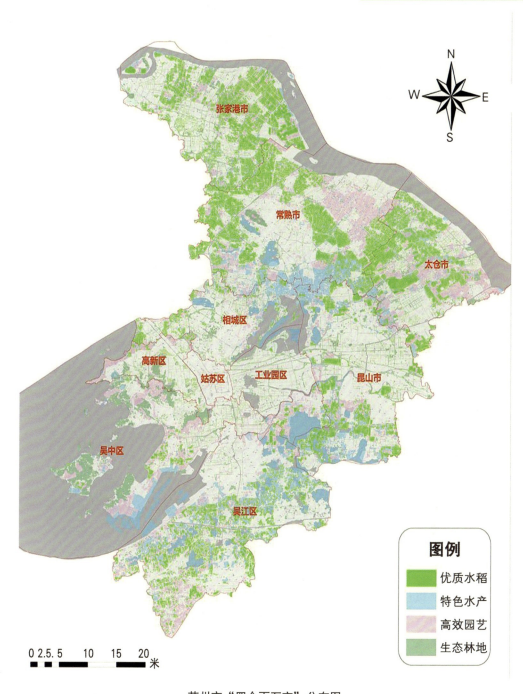

苏州市"四个百万亩"分布图

"四个百万亩"解读

一、以规模化为重点，提高"百万亩优质水稻"生产能力

加快土地流转，组建专业合作社等经济组织，建设一批连片百亩、千亩、万亩以上的水稻生产基地，推动规模生产，提高规模效益，加快实现粮食生产经营规模化。优化区域分布，加大高标准农田建设力度，建立一批高产稳产农田。深入开展"万千百"高产增效创建活动，积极创建粮食"高产增效创建示范区"，提高单位面积生产能力。着力强化产业技术创新研究，大力推广精确栽培、测土配方施肥、病虫草害综合防治等技术，促进高产技术的普及化，实现粮食持续增产增收。实施"百万亩优质水稻"保障工程，进一步完善水稻田生态补偿办法，对列入土地利用总体规划的水稻田予以生态补偿。加大规划保护力度，现有水稻面积低于永久性保护面积的地区，采取复垦复耕、内部结构调整等方式予以补足。

二、以标准化为重点，推进"百万亩特色水产"品牌建设

加快推进沿江特色产业带、沿湖蟹产业区、沿城生态休闲渔业圈的渔业"一带、一区、一圈"建设。围绕建设高效设施渔业，实施"标准化池塘改造"工程，力争每年改造池埂整齐、灌排配套、设施先进、环境优美的标准化池塘5万亩。对连片改造100亩以上的，由各县（市）、区制定补贴办法，市级财政适当补贴，对各县（市）、区实行以奖代补。着力推进现代渔业产业园区建设，按规模化、生态化、科技化、产业化、合作化"五化"要求，建成一批千亩、万亩现代渔业园区。大力发展渔业合作经济组织，壮大龙头企业实力，培育一批养殖规模大、加工能力强、市场知名度高、老百姓口碑好的名品和精品水产品。

三、以设施化为重点，提升"百万亩高效园艺"综合效益

大力实施新一轮"菜篮子"工程建设，加大张家港、常熟、太仓等沿江蔬菜产业带建设力度，努力扩大昆山、吴江等地的菜地规模，重点发展一批近郊蔬菜基地，新建、扩建一批蔬菜标准示范园区，优化品种结构，加大育苗等新品培育开发力度，不断提高蔬菜直供能力。积极发展设施园艺，推广运用各类设施大棚、机械栽培、自动浇灌、

智能管理等现代化设施,有效提高产量和产值。鼓励各类经营主体加大设施农业投入,由各县(市)、区财政及市级财政补贴。对懂技术、缺资金、收入低的农户,设施投入由县(市)区、乡(镇)、村(居)筹资建设,市级财政予以适当补贴,产权归村集体所有,转租(包)给低收入农户,免收2~3年租金。进一步健全完善高效设施农业的保险政策,扩大保险范围,提高保险补贴额度,提升抗御灾害风险能力。

四、以生态化为重点,发挥"百万亩生态林地"美化功能

深入开展植树造林,突出抓好河湖林网、绿色通道、生态片林、村镇绿化等建设,有效增加森林资源总量,逐步形成环湖环城、沿江沿路、镇村田园绿化有机结合的现代林业体系。扎实推进中幼林抚育,优化林种、树种结构,优化植物配置,丰富林相变化,统筹提升森林资源总量、林业结构布局、绿化质量水平,有效推进林地资源化,提升林业生态价值。加大湿地保护、开发和管理力度,重点建设环太湖湿地保护区、北部沿江湿地保护区和中南部湖荡湿地保护区,新建一批湿地公园、湿地保护小区等,高质量构筑一个物种多样、生态优美、自然和谐的湿地生态系统。进一步完善生态公益林、重要湿地生态补偿机制,逐步将一批结构稳定、生态价值高的绿色通道、生态片林、湿地保护小区等认定为市级以上生态公益林,纳入补贴范围,提升管护水平。

苏州的特色水产基地:昆山市巴城镇水产基地

苏州的生态林地：吴中区西山的茶园

（二）大力加强基础建设

1. 高标准农田建设

农业要好，首先得把农田建设好。多年来，苏州狠抓农田基础设施建设。

核心内容：治水，改土，整田。

推进模式：集中投入，连片治理，规模开发。

推进部署：治理一片，见效一片，巩固一片；多渠道投入，多内容建设。

重点任务：加强灌排设施保障，畅通田间道路工程，完善农田林网覆盖，完善路、桥、涵、泵、渠、林、晒场、仓库等基础设施。

截至2020年，全市已建成旱涝保收、高产稳产高标准农田134.67万亩，基本实现耕作面积的高标准建设全覆盖。常熟市在完成高标准农田及高效节水灌溉建设任务方面，获得江苏省政府的表彰。

常熟市海虞镇农业园区

昆山市"江苏省绿色优质农产品水稻基地"

2. 高标准蔬菜基地建设

蔬菜生产是苏州市农业和农村经济发展的重要产业之一，也是农业增产增效、农民增收的重要途径。2018年，苏州市启动高标准蔬菜生产示范基地创建，旨在改善蔬菜生产基地整体环境，通过绿色或有机农产品认定，提高蔬菜产品供给质量和效益，提升苏州蔬菜产业综合竞争力。苏州市专门制定了高标准蔬菜生产示范基地创建标准，涉及整体环境、规模化种植、标准化生产、绿色化发展、溯源化管理、产业化经营、绿叶菜自给、四新技术展示等8个方面。目前，全市已建成市级以上蔬菜产业园区6个，部、省、市级蔬菜标准园68个，其中部级11个、省级44个、市级13个。全市域范围内积极开展"美丽菜园"建设，创建"美丽菜园"近8万个、各级"美丽菜园"示范村105个，覆盖行政村近600个、农户近9万户。

> 常熟市现代农业产业园区蔬菜种植面积、产量、产值均占到苏州市的三分之一，2020年常年菜地9万亩左右，蔬菜总产量超70万吨，是苏南地区重要的"菜篮子"蔬菜保供区。"王庄西瓜""董浜筒管玉丝瓜""董浜黄金小玉米"先后被授予国家农产品地理标志登记证书。"海明蔬菜"等一批名品品牌效应进一步凸显。2020年，常熟市农业农村局成立蔬菜高质量发展专班，创建绿色蔬菜高质量发展示范基地，着力打造绿色高质量蔬菜产业发展苏南样板。

常熟现代农业产业园区

常熟现代农业产业园区位于常熟市董浜镇，总投资7.2亿元，占地面积5.2万亩，主要产业为高效精品蔬菜园艺。

常熟现代农业产业园区一角

吴江区七都镇开弦弓村香青菜种植基地

水生蔬菜是吴中区甪直镇的主要特色产业,当地有着悠久的栽培历史,主要品种有芡实(鸡头米)、荸荠、慈姑、水芹、茭白、藕、菱角和莼菜,被誉为"水八仙"。该镇2020年"水八仙"种植面积占到蔬菜种植面积的60%,年产值达1.2亿元,其中芡实占了近30%的蔬菜种植面积。2017年,吴中鸡头米获国家农产品地理标志登记,2018年成功创建苏州市"三高一美"示范基地,2019年建成"苏州水八仙"农产品区域公用品牌示范基地。当地常年开展"苏州水八仙"种质资源保护工作,收集并保存"苏州水八仙"地方传统品种及各地优质特色种质100多份,是目前江苏省内唯一的"苏州水八仙"种质资源圃。

苏州水八仙

苏州水八仙生态文化园

苏州水八仙生态文化园位于吴中区甪直镇澄湖西北岸的车坊板块。拥有近3500亩的水域种植面积，主要进行"水八仙"的种植，现已累计投资1.2亿元，初具产业规模，具有典型的江南水乡田园风光。在传统农耕方式基础上，规划区积极使用现代科技手段，以生态为底色，不断进行现代农业的新尝试。

3. 高标准池塘建设

苏州市加强科学布局，大力发展生态健康水产养殖，转变养殖方式，提高养殖设施和装备水平，改善养殖环境，落实养殖尾水达标排放或循环利用。2019年，苏州市创建高标准水产养殖示范基地6家，2020年增至12家。

高标准池塘改造以改善水环境质量为核心要求，以落实池塘养殖水循环利用或达标排放为首要目标，2017年12月出台了《市政府关于印发〈苏州市养殖池塘标准化改造实施意见〉的通知》，全面推进养殖池塘标准化改造。

2018年开展了太湖沿岸3公里范围内77865.4亩（51.91平方公里）养殖池塘标准化整治，涉及吴江、吴中、相城、虎丘等4个区、12个乡镇（街道）。坚持政府主导地位，实行市、区、镇三级财政部门联动，强化财政投入扶持政策。市级对各区养殖池塘标准化改造投入补助40%、亩均补助最高6000元，对吴中区东山镇退养整治投入给予补助50%；各区根据实际情况进行区、镇配套补助，累计投入资金4.27亿元。2019年12月，完成太湖沿岸3公里范围内养殖池塘整治的整改目标，其中：完成养殖池塘标准化改造面积28468.15亩、完成养殖池塘清退面积49397.25亩。

2019年开展了阳澄湖及周边地区水产养殖专项整治工作。2020年12月完成高标准池塘改造面积3.58万亩，养殖池塘退养面积1.24万亩。

至2020年年底，全市高标准养殖池塘改造面积24万亩，占养殖池塘总面积的75%。

吴江区生态养殖池塘

2017—2019年,吴江区在完成池塘标准化改造3.5万亩的基础上,制定《吴江区养殖池塘生态改造实施方案》和编制《苏州市吴江区池塘生态化改造规划和技术方案(2020—2022年)》。2020年,区级又下达财政资金5800万元,完成池塘生态化改造2.05万亩。

常熟市古里镇高标准池塘

（三）优化产业经营主体

1. 农业园区

至2020年年底，苏州全市已建有各级现代农业园区84家，其中国家级6家、省级9家、市级47家、县（市、区）级22家，总面积198万亩。其中设施配套、特色鲜明、运行良好的建成面积达139.76万亩。

各级现代农业园区坚持以保粮食安全、保水产和蔬菜供给为首要任务，建设发展优质水稻、特色水产、高效园艺等三大主导产业，形成了一批优势产业园区。84家现代农业园区中有79家有水稻种植，种植面积最大的超过3万亩，最小的也接近2000亩。

随着基础设施的改善、服务平台的健全、服务质量的提升，农业园区的载体吸引力与日俱增，至2020年，全市农业园区内农业企业总数达到815家。

【新闻链接】

2021年6月1日，江苏省农业农村厅和江苏省财政厅联合发文公布，张家港市现代农业产业示范园、吴江区现代农业产业示范园成为第一批创建成功的省级现代农业产业示范园。

张家港市现代农业产业示范园

第一卷　振兴乡村产业

一、推进农业现代化

张家港市优质稻米基地

已建成优质稻米基地2.5万亩、精品园艺0.9万亩，形成了集产、加、销、研、学、游于一体，"一核两环三区"的总体格局。

张家港市现代农业产业示范园

特点之一　科技农业提质增量

张家港市现代农业产业示范园引进培育农业企业30余家，苏州市级农业重点龙头企业5家、张家港市级2家。占地780余亩、总投资6000余万元的农业科技创业园项目初见雏形，逐步发挥筑巢引凤作用。

张家港农业科技创业园

特点之二　数字动能支撑有力

张家港市现代农业产业示范园依托智慧农业服务平台，通过对农业生产环境的智能感知和数据分析，实现农业生产精准化管理、可视化诊断和智能化决策，农业生产综合能力进一步提高。

张家港市现代农业产业示范园稻田画

特点之三　农文旅融合渐入佳境

张家港市现代农业产业示范园先后建成常阴沙花海、常北"稻田画"等景观节点，常阴沙花海2019年入选"华东十大油菜花胜地"，常阴沙生态农业度假区先后获评江苏省四星级乡村旅游景区（点）、国家3A级旅游景区。

吴江国家现代农业示范区

吴江区现代农业产业示范园

吴江区现代农业产业示范园发展以优质水稻为主导产业，引领全区现代农业高质量发展，助推乡村振兴。

吴江区现代农业产业示范园

特点之一　农业现代化水平走在前列

吴江区现代农业产业示范园内粮油生产区高标准农田比重达99.2%，园艺种植区设施化比重达89.2%；大田作物从种到收已实现全程机械化；农业信息化服务覆盖率达100%；2020年承办全国优质稻产业化现场观摩交流会，并且作为全国智慧农业改革发展大会的重要现场观摩点。

特点之二　品牌效应日益彰显

吴江区现代农业产业示范园牵头成立"吴江大米"产业化联合体，打造"吴江大米"区域品牌；"五月田""富蘇""依源"等多个品牌入选江苏省优质农产品品牌目录；"吴江大米""吴江石斛"入选全国名特优新农产品目录；"富蘇"牌大米荣获第二届中国"好米榜"金奖。

特点之三　三产融合发展迈上新台阶

吴江区现代农业产业示范园入驻农业企业26家，农业产业化率达98.8%；培育的4家农产品冷链物流配送企业为苏州市60万名中小学生提供食堂原材料,占苏州市市场份额的70%,已形成了年销售额超8亿元的"678"发展模式;菜田画、稻田画、农业体验、湿地艺术展、美丽乡村健康行等活动吸引游客超14万人次/年,实现年旅游收入1300多万元。

吴江区现代农业产业示范园稻田画

2. 家庭农场

苏州市坚持通过示范引领和带动全市家庭农场规范、有序、健康发展,家庭农场数量稳步上升(表2)。

表2 苏州市家庭农场数量统计

年度	农业部门认定数(家)	分类				
		种植业/家	畜牧业/家	渔业/家	种养结合/家	其他/家
2016年	314	195	1	13	93	12
2017年	370	226	0	18	111	15
2018年	432	259	0	24	64	85
2019年	501	307	0	30	140	24

2020年，根据农业农村部办公厅《关于做好2020年全国家庭农场名录系统信息填报等相关工作的通知》（农办政改〔2020〕5号）要求，苏州市将符合条件的种养大户、专业大户纳入家庭农场范围，并将基本信息填报到全国家庭农场名录系统，应家庭农场统计口径发生变化，至2020年，苏州市在全国家庭农场名录系统填报的家庭农场数量达到10429家，其中：种植业5200家，林业23家，畜牧业202家，渔业4823家，种养结合型158家，其他类型23家。纳入政府扶持名录的农民合作社603家，占比25.84%，年报公示率达到97.7%，位居全省第一。

相城区旺德家庭农场

★相城区黄埭镇三埂村周家湾旺德家庭农场

相城区黄埭镇三埂村周家湾旺德家庭农场，专注"稻虾鱼"养殖，农场主顾德宝四年前在专业人士指导下开始尝试"稻虾鱼"立体种养。他将水稻田四周用养殖围网围起来，同时用尼龙网将稻田一分为四，水稻插秧10天后，每亩放入一定比例的龙虾苗和鳊鱼、鲫鱼苗。引进品质优良、抗逆性较好的晚熟水稻品种"南粳9108"，插秧前每亩田撒施菜饼和黄豆作为基肥，虾鱼的喂养也以小麦和玉米为主，稻田里的杂草用人工拔除。收获的季节，算上小龙虾和鳊鱼、鲫鱼的收入，每亩效益在1万元左右，超出纯水稻种植一倍多。

虞美润家庭农场

★ 虞美润家庭农场

虞美润家庭农场位于常熟市常福街道压路机村,主要从事稻麦种植及机械化生产服务。目前农场承包土地1800多亩,是常熟种植规模最大的家庭农场,也是常熟农机装备规模最大的农机示范户。

3. 农民合作社

苏州农民合作社发展比较早。自2016年起,苏州市被列入江苏全省首批合作社规范化建设整体推进市,合作社工作重心由快速发展转到规范提升工作,2020年全市农民专业合作社共有2288家。

昆山市农民专业合作社标准化农田

> ★**昆山市锦溪镇长云村农民专业合作社**
>
> 昆山市锦溪镇长云村专业合作社现有农田2058亩。合作社对农田进行标准化和景观化改造，以生产水稻、小麦、油菜等作物为主，培育生态绿色有机大米，增加葡萄、西瓜等瓜果的种植，不断优化种植结构，实现农业增效、农民增收、农田增色。坚持不施化肥、不打农药，积极探索发展稻田养蟹、鸭稻混养等生态项目，不断提升稻米品质。2019年，长云村合作社获评"国家农民合作社示范社"。
>
> ★**相城区佳灵禽业专业合作社**
>
> 相城区佳灵禽业专业合作社成立于2006年，位于相城区黄埭镇，是一个以生态养殖草鸡和出产草鸡蛋为主的专业化合作组织，有散养林地200亩。合作社严格按照国家规定控制产品质量，出产的草鸡蛋被中国绿色食品认证中心认定为"绿色食品"，成为苏州市第一个获"绿色食品"认证的禽产品，2005—2015年连续获评为"苏州市名牌产品"。2010年，该合作社获评为"江苏省五好合作社"。2011年被评为"江苏省健康示范养殖区"；2012年被认定为苏州市菜篮子直供基地；2013年被评为"三星"级农民专业合作社；2020年被评为苏州市"十佳"农民合作社。

4. 农业龙头企业

截至2020年年底，苏州全市拥有县级及以上农业龙头企业314家，其中国家级5家、省级63家、市级140家。2020年实现年销售收入1513亿元、带动农户270余万户，其中销售额超5亿元企业37家、超2000万元企业110家。累计挂牌上市"新三板"企业7家、"农业板"企业50家，1家企业即将主板上市，3家企业先后入选全市"独角兽"培育企业，全市农业龙头企业覆盖生产经营、加工流通、保鲜冷藏、物流配送以及农产品电子商务和一二三产业融合发展等各个领域。

★苏州三港农副产品配送有限公司

苏州三港农副产品配送有限公司位于吴江国家现代农业示范园区内,成立于2004年,注册资本1.2亿元,固定资产超5300万元,年销售额达2亿元,是一家集水稻蔬果种植、农副产品配送于一体的省级农业产业化重点龙头企业。公司日配送蔬菜及其他农副食品78吨,拥有冷冻冷藏库总容积30000立方米,蔬菜基地300亩,水稻基地1050亩,农副产品配送中心面积10000平方米,仓储面积4000平方米;拥有标准化肉类加工中心、芽苗菜生产中心、食品检验检测中心等完善的储存、配送配套设施。

苏州三港农副产品配送有限公司农副产品配送中心

5. 农业产业化联合体

农业产业化联合体是以龙头企业、合作社和家庭农场等新型农业经营主体分工协作为前提,以规模经营为依托,以利益联结为纽带的一体化农业经营组织联盟,在促进小农户与现代农业有机衔接上发挥积极的引领和驱动作用,实现各主体资源要素整合,优势互补,同步发展、同步收获、同步提升,对加快构建现代农业经营体系，深化农业供给侧结构性改革，促进农村一二三产业深度融合，推动乡村产业振兴，助力现代农业提质增效和农民就业增收等都发挥了重要作用。截至2020年，苏州全市已建农业产业化联合体达88个，其中省级示范联合体25个，带动农民专业合作社超过400家、家庭农场350家、农户12万户，规模超过了120万亩。

★江苏阳澄湖股份农业产业化联合体

江苏阳澄湖股份农业产业化联合体成立于2020年8月，联合体由省级农业产业化龙头企业江苏阳澄湖大闸蟹股份有限公司牵头，8家公司、1家科研中心、1家水产养殖场、3家专业合作社和66家养殖大户参与组成农业产业化联合体。联合体内通过制定章程、签订合同和协议，保持紧密联系，积极对接市场，与农村创业创新相结合，发挥龙头企业引领示范作用，实行养殖+生产+销售一体化经营。2020年度，江苏阳澄湖股份农业产业化联合体共销售农产品3亿元，创下了历年新高，联合体内成员单位通过联合经营和销售，养殖户产量增长20%以上，收益大幅增长。

江苏阳澄湖股份农业产业化联合体养殖基地

（四）推进全程机械化

2019年，苏州成功创建全省唯一的"全国主要农作物生产全程机械化示范市"。

1. 促进农机化扶持政策精准有力

从2016年起，市级财政安排资金用于"一项行动、两大工程"（粮食生产全程机械化推进行动和加大力度推广普及一批成熟通用的机具工程、引进配套一批专用的装备工程）重点突破，不断提升农机装备和技术水平。奖补资金达300万元，享受补助的农机合作社、农机大户有150余个。同时，连续两年鼓励市辖区内的农机户、家庭农场、农机合作社、农业企业在市辖区范围内开展农机社会化服务，鼓励其对自己承包地以外的农户、家庭农场、合作社和合作经济组织等开展服务，开展耕整地、种植、植保、收获、烘干等中的一项服务达2000亩及以上的奖励2万元，或者几项服务加起来达5000亩及以上的奖励3万元。同时，对获得"全国农机合作社示范社""江苏省农机合作社示范社"等荣誉的进行奖励，如获得"全国农机合作社示范社"荣誉的奖励10万元，获得"江苏省农机合作社示范社"荣誉的奖励1万元。

2. 促进先进适用农业机械推广应用

（1）加快推进粮食生产全程机械化

以粮食生产全程机械化示范县创建为抓手，以农机购置补贴为导向，加大对先进适用农机购置补贴的力度，全市粮食生产全程机械化水平达到97%。

（2）加快推进不同产业农机化示范基地建设

太仓、常熟等地积极推进蔬菜、林果等产业示范基地建设，总结形成了一系列蔬菜与林果机械化生产技术路线、作业标准和机具配备方案。2019年，苏州市专门安排农机化专项资金建设市级"两大工程"基地，分别建成2个蔬菜生产机械化示范基地、1个蚕桑生产机械化示范基地和1个林果生产机械化示范基地。

（3）加快绿色、高效、智能农机化技术推广应用

坚持将智能、绿色、高效农机化发展理念融入农机推广工作全过程。太仓市连续3年被作为中央农作物秸秆综合利用试点，形成了"种植—秸秆饲料—养殖—肥料—种植"的"东林模式"。各地还积极开展"粮食产地烘干中心智能

化、信息化监测技术集成应用"等绿色环保农机装备与技术示范项目。

3. 促进农机化教育培训提质增效

（1）以项目为抓手，注重选拔技能人才

据统计，自2012年起，全市已累计鉴定各工种4600余人次，其中，2898人次享受获证奖补，共奖补初级工1782人，中级工865人，高级工228人，技师23人。目前，全市获评高级技师共9人，11人入选"江苏省维修能人库"。

（2）多措并举，加强农机技能培训

通过市县（市、区）联动、站校、站企联合，多方位组织开展农机化实用技能培训，全市每年培训各类农机人员2000余人次。将农机大户、农机合作组织、家庭农场里年轻技术骨干优先纳入培训对象；坚持菜单式和模块化的教学内容和方式，整合资源推进多方合作；从知名学者、企业技术服务能手、基层农机手中精选培训师资，2020年苏州市推选的3位农机教师获得了竞赛国家级裁判资格。

（3）组织竞赛活动，农机拔尖人才脱颖而出

6人获评为"全国技术能手"，1人获得"江苏省劳动模范"荣誉、1人获得"江苏省技能状元"荣誉，享受江苏省劳动模范待遇；3人被评为"江苏省有突出贡献中青年专家"，3人获得"江苏省五一劳动奖章"，5人获得"江苏省五一创新能手"荣誉，6人获得"江苏省技术能手"荣誉，5人获得"江苏省农业技术能手"荣誉。

4. 促进农机社会化服务能力提升

（1）发挥农机合作社示范引领作用

截至2019年年底，全市经工商登记的农机服务组织457家，农机合作社296家，拥有农机原值50万元以上的服务组织354家，具备全程机械化作业服务能力的服务组织209家，农机作业社会化服务水平达83.6%。张家港塘桥镇金村、太仓东林、相城金香溢等3个全国农机合作社示范社和张家港永联等29个省级农机合作社示范社，为全市农机作业生产经营主体持续发展发挥着示范引领作用。

（2）补齐农机合作社发展短板

通过加大财力支持和补助，补齐农机合作组织农机库房短板。2016年至2019年共扶持农机合作社新建标准化农机库房70个，建筑面积6万余平方米。

（3）提升农机信息化管理水平

全市共建成1个市级农机综合服务信息化管理平台、6个区县（市）级农机

综合服务信息化管理平台，累计安装2367台定位装置。

5. 取得的成果

（1）农机装备总量快速增长

全市农机总动力达到145万千瓦，农机装备结构持续向优。大中型拖拉机3721台、乘坐式插秧机3432台、小麦播种机1824台、水稻育秧流水线616台、高效机动植保机7090台、联合收割机2798台、产地烘干机1211台、秸秆处理机械8355台。

（2）农机作业水平快速提高

主要粮食作物耕种收综合机械化水平超过96%。农机作业拓展到设施农业、林果业、畜禽、水产、初加工等领域，5项特色农业机械化水平稳步提升，农业生产方式已经实现由人畜力为主向机械作业为主的历史性跨越。

（3）农机社会化服务快速扩展

农机合作社、农机大户持续壮大，服务环节从产中向产前、产后迅速扩展，不断满足广大农户的农机作业服务需求。

（4）农机管理服务快速提升

坚持统筹规划，农机库房、烘干中心布局合理。苏州市获得全国"平安农机"示范市，张家港、常熟、太仓、昆山、吴江被确认为全国"平安农机"示范县，全市农机安全生产持续稳定向好。

太仓市城厢镇永丰村水稻收割现场

昆山市花桥天福刘地农业合作社农机仓库

昆山市花桥天福万顷良田正在进行植保防治

(五)推进科学施肥用药

近年来,苏州市不断探索实践,集成了以精确施肥和高效施肥为核心,以替代减肥和免施减肥为配套的化肥减量增效技术模式。2020年,苏州市化肥使用量6.06万吨(折纯量),较2015年削减22%。创新配方肥推广补贴举措,在全省率先创立了以专用配方肥"零差价"配送为基础的市、县(市、区)、镇三级联动推广机制,累计推广配方肥约20万吨,推广面积约635万亩。大力推进畜禽粪污资源化利用,建立应用商品有机肥料的示范区,辐射带动在稻麦、蔬果、茶等作物上推广使用商品有机肥料,取得了良好的社会经济效益和生态环境效益。

苏州市全面推进农药集中统一配送，开展"科学用药进万家"活动。2019年，各地根据实际情况优化完善的地方农药主推目录，部分地区将非农药类绿色防控产品也列入其中，为农药集中统一配送提供技术依据，从源头上确保农药高效、低毒、低残留、低用量。苏州市各级财政补贴支持农药集中配送，配送农药2659吨，主要农作物农药配送率达90%以上。相关部门通过实施专业化统防统治和农药集中统一配送，规范农药使用行为，减少农药滥用、乱用、过量使用等现象。

（六）推进农作物种业发展

2012年以来，苏州市年均引进鉴定新品种300余个，在全市范围内累计实施稻麦等新品种展示示范点（方）超300个，累计展示示范面积36000余亩，推广"南粳46""南粳5055""常农粳8号""武运粳30号""常农粳10号""常农粳12号""常优5号""扬麦16号""镇麦10号""镇麦12号"等稻麦新品种1500万余亩。2016年开始在全市设置6个安全性评价点，测试大面积应用品种的产量、抗性水平，年均测试品种15个以上。建立了"市有试验站、县有展示点、镇有示范方"的格局，在全市形成了稳定高效的农作物品种"1+5+N"综合测试体系。与此同时，进一步制定新品种展示示范规范，全市种子部门按照"四统一"（统一实施方案、统一技术措施、统一记载标准、统一汇总总结），滚动式开展"品比试验—集中展示—生产示范"。全市水稻品种优良率达到100%，优良食味水稻品种占比超70%。

1. 培育优质品种

苏州市农业科学研究院（江苏太湖地区农业科学研究所）审定水稻"苏香粳"、油菜"苏油"系列新品种14个，菜薹、苋菜等蔬菜品种6个；获得品种权保护7个、发明专利27项。主要育成品种：小麦有"苏麦1号""苏麦3号""苏麦4号""苏麦5号""苏麦6号"；油菜包括"荣选""苏油1号"至"苏油8号"等。水稻有"853""苏粳1号""苏粳2号""苏粳7号""早单八""太湖糯""太湖粳6号""苏丰粳1号""苏香粳1号""苏香粳2号""苏香粳3号""苏香粳三号100""86优242"等。

常熟市农业科学研究所育成"太湖粳""常农粳"以及"常优"系列水稻

新品种 37 个，玉米新品种 1 个。

苏州市果树科学研究所（江苏省太湖常绿果树技术推广中心）选育出"白玉""冠玉""美玉""丰玉"等枇杷新品种 4 个，以及洞庭细蒂杨梅新品种 1 个。

江苏省浒关蚕种场自主培育的"苏菊×明虎"蚕种获江苏省科技进步三等奖。

苏州市吴中区东山多种经营服务公司选育的"槎湾 3 号"碧螺春新品种通过江苏省品种委员会鉴定，成为茶园规模种植首选。

苏州苏太企业有限公司培育成功了具有自主知识产权的国家瘦肉型猪新品种"苏太猪"，并先后获得国家科技进步二等奖、国家"八五"攻关重大科技成果奖、江苏省农业技术推广一等奖、农业部科技进步一等奖、苏州市科技进步一等奖等荣誉；年生产"苏太猪""二花脸猪""梅山猪""枫泾猪"种猪 5200 万头，年产值约 8000 万元。

2. 强化全程控制

苏州积极开展种子生产的技术培训和现场指导，加强从"种子生产田—种子加工车间—种子储备仓库—种子销售市场"的全程种子质量控制。全面检查种子生产田，核实繁种面积、基础种来源等，对不按规定进行种子生产、田间纯度不符合国家标准等情况，要求及时整改或作报废处理。强化全程控制，做好种子质量管理。全市水稻种子生产田在 8000 亩左右，小麦种子生产田在 10000 亩左右。

在水稻、小麦生长关键时期，及时督促相关种子企业做好种子田去杂去劣工作。在种子加工、储备期间指导企业做好精选和安全储藏，同时加大自检，监测种子活力动态。

3. 严格市场监管

为净化种子市场，苏州持续开展"种子执法年"活动和"双打"专项行动，严厉打击侵犯品种权和制假售假劣种子违法行为。春、秋两季重点开展种子市场检查，重点检查种子企业门店的生产经营许可、备案、商品种子包装标签、品种审定、经营档案等，并监督抽取样品。2014 年以来，全市共出动执法人员 4360 人次、检查种子市场 957 次、种子企业 276 个次、种子经营门店 2764 个次、抽取种子样品 5776 个，对在抽检中发现的质量不合格种子及时下架,并对严重违法行为实施行政处罚,同时开展省级种子真实性和纯度田间鉴定,共鉴定194批次种子样品,维护了全市种子市场的公平有序,保障了农业生产用种安全。

(七) 推进耕地轮作休耕

苏州市较早开始探索轮作休耕。2015年昆山在江苏省率先试行鼓励新型合作农场推行土地轮作休耕制度,2017年在苏州全市推广,率先经历了试点探索、整体推进和深化提升等阶段,初步探索出了"整体推进、突出重点、补贴保底、双重监管"的苏州模式。截至2020年,苏州全市共计完成轮作休耕面积超110万亩,走在了全省乃至全国前列。

1. 试点探索

2015年秋播,昆山在江苏全省率先开始耕地轮作休耕制度试点,试点规模3000多亩。2016—2017年度,苏州市实施耕地轮作休耕试点面积6.4万亩,其中昆山市和太仓市分别被列入江苏省首批耕地轮作休耕项目试点县,分别实施2.2万亩和2.0万亩。基础补贴为200元/亩,省财政和地方配套各100元/亩,另根据轮作休耕方式给予叠加补贴。此外,吴江区自行实施1.0万亩,常熟市自行实施1.2万亩,补贴均由地方财政承担。2017—2018年度,昆山市、太仓市、常熟市、吴江区均成功申报了省级耕地轮作休耕试点项目,实施总面积7.315万亩。

2. 整体推进

2017年9月,出台了市政府《关于推进苏州市耕地轮作休耕的实施意见(试行)》(苏府〔2017〕124号)(以下简作《实施意见》)。《实施意见》印发后,苏州市农业委员会和苏州市财政局立即印发了与《实施意见》配套的《苏州市耕地轮作休耕实施细则(试行)》,进一步细化分解了目标任务,同时对补贴对象认定、补贴标准确定、补贴面积核定、休耕质量要求等方面进行了明确,并详细规定了工作步骤、时间节点,从操作层面对《实施意见》进行了细化和明确。农业部门还专门成立了耕地轮作休耕领导小组。

3. 深化提升

探索运用信息技术提升耕地轮作休耕的数字化管理水平，建设完成了耕地轮作休耕信息化平台。

（1）探索构建第三方评价机制

2018年，苏州市与中国科学院常熟农业生态试验站开展合作，率先对耕地轮作休耕实施效果开展综合评价，首次把评价指标从耕地地力延伸到生态环境效益。这对农业部门用数据参与生态文明建设具有重要意义。

（2）研究集成轮作休耕技术模式

依托苏州市科技项目"苏州市稻田轮作休耕技术研究与集成示范"，在昆山市、常熟市等地开展了绿肥品种筛选、轮作休耕技术模式试验与示范，确定适合本地现有种植制度下的绿肥品种，明确主推绿肥高产高效轻简栽培与机械还田技术，加强"绿肥轮作休耕+水稻周年绿色高效生产技术"的集成示范，进一步提升优质稻米的食味品质。

4. 取得成效

（1）耕地改良

土壤团粒结构得到改善、有机质含量稳定上升。根据中国科学院常熟农业生态试验站评价报告结果，2020年实施轮作休耕后土壤有机质含量较三年前增加了8.45%。此外，茬口矛盾、病虫害等也得到有效缓减。

（2）生态保护

与种植传统小麦相比，实施耕地轮作休耕年均减少了94.6%的净温室气体排放量和87.9%的活性炭排放量。轮作休耕实施区域化肥、农药年均使用量分别减少了46.44%和26.35%。

（3）品质提升

实施轮作休耕，为优质稻米产业发展提供了有效空间。季节不紧张了，优质稻米品种种性得到充分发挥，土壤肥沃了，优质稻米产品品质显著提高，更好地推动了"苏州大米"区域公用品牌建设，促进了农业增效和农民增收。

（八）绿色生产

1. 标准化生产

品牌就是生产力、竞争力、软实力。为提高农产品质量和效益，苏州市坚持实施农业生产"三品一标"提升行动，推进品种培优、品质提升、品牌打造和标准化生产。凡知名品牌，都坚持标准，犹如连锁店的品牌一概实行"标配"。

苏州地方特色农产品资源丰富。截至2020年年底，全市域共打造具有鲜明地方特色和市场知名度，覆盖市级、县级不同区域、年销售额超亿元的区域公用品牌18个，培育国家农产品地理标志14个，"阳澄湖大闸蟹""洞庭山碧螺春"入选2020年江苏农业品牌（区域公用品牌）目录；"梁丰"等6个品牌入选2020年江苏农业品牌（产品品牌）目录；6家企业入围江苏省农业企业知名品牌30强。

> ★优质农产品区域公用品牌典型之一："阳澄湖大闸蟹"
>
> 昆山市与相城区积极开发阳澄湖大闸蟹特色产业，养殖规模超过8万亩，获得"国家地理标志保护产品（阳澄湖大闸蟹）""原产地域保护产品""江苏省著名商标""有机农产品""绿色食品""中国名牌食品"、第十届至第十六届中国国际农产品交易会金奖等荣誉。
>
>
>
> 阳澄湖大闸蟹"中华人民共和国农产品地理标志登记"

★优质农产品区域公用品牌典型之二:"洞庭山碧螺春"茶

碧螺春茶是苏州农业的特色优势产业,在吴文化传承和全市农业农村经济发展中发挥着重要作用。多年来,政府部门主导建立"三大体系"、落实落细"四项举措"、积极探索"五个创新",并针对性制定碧螺春茶品牌保护和发展政策,在种质资源保护、新品种选育、品牌认证、标准制定、龙头企业培育、

中国优秀茶叶区域品牌碧螺春茶

市场营销等方面给予支持,保障了茶农切身利益,促进碧螺春茶产业健康有序发展。"洞庭山碧螺春"原地理标志证明商标被国家工商总局认定为中国驰名商标。2011年,洞庭山碧螺春手工制作技艺被列入国家级非物质文化遗产名录。

★优质农产品区域公用品牌典型之三:"苏州大米"

苏州农业农村部门围绕"苏州大米"区域公用品牌建设,大力推进规模化、专业化、标准化、订单化种植,积极扶持引导新型农业经营主体等企业发展"绿色食品""有机农产品"等认证,提高品牌化发展意识,开展稻米品鉴员培训、"好农"种好米评选、部(省)级大米节参评参展等活动,进一步扩大"苏州大米"品牌影响力。

"苏州大米"区域公用品牌建设

一是环境优。

省级"水稻绿色高质高效创建示范片"标牌

自2018年启动"苏州大米"区域公共品牌建设以来，苏州市建立了一批优质稻米种植基地，其中省级"味稻小镇"8个，省级"绿色高质高效示范片"91个，水稻综合功能示范区12个，持续加大绿色高质高效关键技术模式集成推广力度，为"苏州大米"的生产提供了坚实的基础。

二是品种优。

"苏州大米"新品种展示布局统一标牌

苏州市优质食味水稻品种种植面积占比持续提高，2020年全市优质食味水稻品种占比达75.35%，较上年增加7.95个百分点。同时各地积极引进"南粳3908""常香粳1813"等品种，全面评估这些水稻品种的品质、丰产性、稳产性、适应性、抗逆性等，为苏州优质食味水稻品种选拔提供依据。

三是技术优。

"苏州大米"新技术、新模式试验示范

苏州市积极开展新技术、新模式试验示范，应用精确定量栽培技术、机插缓混侧深施肥技术、优质水稻全程机械化生产技术、病虫草害绿色防控技术等，发展稻鸭共作、稻渔稻虾共作，开展轮作休耕，冬季种植绿肥作物，提升耕地地力和土地产出水平。通过绿色栽培技术集成推广，有效地提升了全市的水稻生产水平。

2021年5月，由江苏省农业农村厅主办的全省优质稻米产业发展推进会暨第五届"前黄杯"江苏好大米颁奖典礼隆重召开，会议对全省优质稻米产业成果进行了表彰，苏州共有11家企业（家庭农场）榜上有名。

"江苏好大米"十大品牌
——太仓市金满仓粮食专业合作联合社　"太仓"大米

"江苏好大米"十大创优品牌
——张家港市粮食购销总公司　"润众"大米
——苏州高新区通安现代农业园发展有限公司　"金墅水源米"

"江苏十佳稻田综合种养大米"特等奖
——相城高新区旺德家庭农场　"稻虾鱼精米"

"江苏十佳稻田综合种养大米"金奖
——昆山绿色农产品开发有限公司　"昆味到"大米

"江苏好大米"特等奖
——苏州天纯农业科技有限公司　"吴老农酵素大米"

> **"江苏好大米" 金奖**
> ——苏州高新区通安现代农业园发展有限公司 "金墅水源米"
> ——常熟市坞垆米业专业合作社 "白禾"大米
> ——太仓市东林农场专业合作社 "金仓湖"牌富硒大米
> ——吴中区上林土地股份农业专业合作社 "桑林"大米
>
> **"江苏好大米" 银奖**
> ——昆山市巴城镇农地股份专业合作联社 "巴城大米"
>
> 另外,苏州昆山市淀山湖镇、吴中区临湖镇、相城区望亭镇、常熟市常福街道(培育)获得省级"味稻小镇"称号,苏州市获得这一称号的数量位居全省前列!

2. 绿色养殖

2017 年,苏州市农业委员会和苏州市环境保护局编制并出台《畜禽养殖区域布局调整优化方案》,全市共关停禁养区内养殖场户 320 家、太湖一级保护区内养殖场户 170 家。同时启动非禁养区规模养殖污染整治,引导规模养殖场完善用地备案、环评、动物防疫条件审核等工作。

2018 年,苏州市政府办公室分别下发《苏州市畜禽养殖废弃物资源化利用工作方案》和《苏州市畜禽养殖废弃物资源化利用工作考核方案》,建立多部门工作联席会议制度,开展畜禽养殖废弃物资源化利用工作自评和考核工作,推动畜禽养殖节能节水、粪污资源利用、生产生态循环新模式。

2018 年,苏州市政府出台《关于开展生态畜牧业发展的实施意见》,围绕生态畜牧业发展定位,大力推进非禁养区规模养殖场提档升级,开展美丽生态牧场建设,推动畜牧业转型升级。

2018—2019 年,苏州市在省内率先开展非规模畜禽以及羊、特禽等养殖户污染治理,开展粪污综合利用改造提升工作。

至 2019 年年底,全市 121 家规模养殖场治理率达到 100%,污染设施装备配套率达到 100%。全市畜禽粪污综合利用率连续多年稳定在 95% 以上。

2018—2020 年,全市共创建 26 家美丽生态牧场,从生态美丽、污染管控、文化内涵、功能拓展等多方面、多维度推进规模养殖场绿色发展和转型升级。

2020 年,苏州市在江苏全省率先出台生猪稳产保供的政府文件和激励政策,全市计划新扩建 14 家(其中 5 个多层楼房式)现代化万头规模猪场,占地 1200

亩，投资超过16亿元，新增产能生猪存栏达到36万头、年出栏达到70万头。新型的绿色养猪模式已经开启。

3. 绿色防控

（1）农作物病虫害绿色防控

有害生物绿色防控是指通过推广应用生态调控、生物防治、物理防治、科学用药等绿色防控技术，以保护生物多样性、降低病虫害暴发概率。这是降低农药使用风险，保护生态环境的有效途径，是未来农作物病虫害综合防控的方向和趋势。从2015年开始，苏州市整体全面推进农作物病虫害绿色防控工作，张家港和昆山成功创建首批省级绿色防控示范县。

① 提升技术应用

绿色防控技术应用方面，以精准测报为基础，集成农业、物理、生物、化学等措施。水稻上，采用"种苗处理+生态调控+科学用药"的技术模式，集成种子处理、大棚育秧，健身栽培、香根草诱集、种植显花植物涵养天敌，性诱剂诱杀、人工释放赤眼蜂、稻田养鸭、生物农药及高效低毒低残留农药防治，以及专业化防治等措施；果菜上，采用"清园控害+综合诱杀+科学用药"的技术模式，蔬菜上集成设施栽培、轮作换茬、高温闷棚、四诱技术、生物农药、高效低毒低残留农药防治等措施。各地技术部门在制定绿色防控示范区工作方案的同时制定分作物技术方案，明确详细技术路径，增强技术措施的针对性和实用性。

② 不断探索新技术

除传统绿色防控技术措施以外，全市各地还积极探索绿色防控新技术、新模式，试验开展绿萍控草、米糠或覆膜控草、无人机精准变量施药、臭氧发生器防控病虫害，探索绿色防控新技术的实效性，已取得阶段性成效。

③ 扩展防控示范

通过强化宣传、示范展示、项目扶持，特别是利用各种基层农技培训，大力宣传病虫绿色防控技术，绿色防控理念明显增强。"十三五"期间，全市绿色防控示范区个数与规模不断扩大，2020年全市新（扩）建省级农作物病虫害绿色防控示范区21个，核心面积1.9万亩，辐射面积15.1万亩，涉及水稻、小麦、蔬菜、葡萄、梨、桃和茶等多种作物，其中粮食作物8个，园艺作物13个，果、菜、茶作物示范区占比62%，比上年增加10个百分点。新（扩）建市级示范片和县级示范方77个，核心面积4.3万亩，辐射面积30.5万亩，进一步推进

④ 提高防控水平

粮食生产通过选用抗耐品种、水肥管理、准确预报、生长调控和科学防治，总体为害损失率控制到5%以下，有力地保障了粮食生产安全。蔬菜生产主要针对烟粉虱、小菜蛾、菜青虫、霜霉病等发生较重的病虫害，通过黄板诱杀、性诱、灯诱、调控温湿度和使用生物农药，将蔬菜病虫害为害损失率控制在10%以内。全市农作物绿色防控覆盖率由2015年的30%多提高到2020年的60%。

通过绿色防控技术的应用、推广、创新、提高，苏州农产品生产的化学农药用量明显减少，降低了生产成本，提高了农作物产品质量。据调查，全市水稻病虫害绿色防控示范区化学农药使用量较常规区减少32.7%，蔬菜病虫害绿色防控示范区化学农药使用量较常规区减少44.1%。据不完全统计，开展绿色防控以来，全市创建绿色防控基地品牌数有100多个。

（2）农药包装废弃物回收处置

自2015年起，各县级市、区就积极探索农业废弃包装物回收工作。2015年10月30日，昆山市人民政府制定印发了《关于昆山市农药废弃包装回收处置实施意见》，提出将本市范围内因农业生产、绿化养护等产生的农药废弃包装物（包括农药直接接触的袋、瓶、桶、罐）进行统一回收、集中、分类，并进行无害化处理，实现农药废弃包装物回收率80%以上，回收包装物无害化处理率100%。2015年12月1日，吴中区制定印发了《吴中区废弃农药包装物统一回收集中处理实施意见》，明确了农药集中配送企业东吴农资公司为废弃农药包装物的转运储存中心，各配送站点为废弃农药包装物的回收点，由区环保部门确定的具有危化处理资质的企业进行危废集中处理。2016年10月28日，太仓市人民政府制定印发了《市政府关于修订〈太仓市农药集中配送体系建设实施意见〉的通知》，对原《太仓市农药集中配送体系建设实施意见》进行了修订，明确了农药集中配送主体同时为废弃物包装物回收主体，由太仓市供销总社牵头，太仓市农委、太仓市财政局、太仓市环保局积极配合，实施农药废弃包装物回收、无害化处置工作。随后，常熟市、相城区、吴江区、虎丘区、张家港市陆续制定并印发了实施办法。

截至2020年年底，苏州市8个涉农县（市）、区均建立了农药包装废弃物回收处置体制机制，全市共设置回收点244个，回收农药包装废弃物4346.938万件；落实处置点8个，处置农药包装废弃物736575.2公斤，回收率达92.17%，处置率达99.97%，全年财政支持1893.4万元，回收率、处置率均居全省前列。

① 统一管理

借鉴农药集中配送成功经验，成立由苏州市供销总社牵头，苏州市财政局、农业农村局、生态环境局等部门协同配合，各市、区农资公司具体实施的管理体制和工作机制，明确农药集中配送实施主体同时为农药包装废弃物回收主体，履行农药包装废弃物回收职责，全面落实农药包装废弃物回收处置工作。

② 统一配送

建立健全信息联通，加强供求联动，做到按需供应。建立台账清单，确保销售数量与回收数量一致，在每年夏播、秋播、突发病虫害等需要大量农药供应时，苏州市供销总社、财政局、农业农村局、生态环境局等部门加强工作联系，适时进行工作调度，必要时深入一线检查督查，确保农药使用、配送与回收处于同一水平。

③ 统一回收

做到"三个明确"，即明确由各农业生产资料有限公司作为回收主体，明确各地根据实际确定回收标准、价格，明确各农资公司、各基层回收点要统一设置醒目的标识标牌，在各回收点统一制定制度张贴上墙，统一配置回收桶/袋，公示回收价格，严格落实按规定标准进行回收。

④ 统一处置

各农资公司对各回收点收集的农药包装废弃物进行清点归类、打包、登记造册和专库存放，定期或达到一定库存量时及时报告当地生态环境部门，在生态环境部门的指导下，按规定委托处置点进行集中处置。近年来，苏州市生态环境部门认真贯彻落实市政府办公室《关于加强危险废物污染防治工作的意见》，全市新增焚烧处置能力17.73万吨/年，全年可焚烧处置达24.88万吨，基本覆盖全市的集中处置体系。

（3）废旧农膜回收利用

2017年农业部印发《农膜回收行动方案》，提出要不断完善农膜回收网络和提升资源化利用水平，到2020年全国农膜回收利用率达到80%以上。

苏州市农业农村局作为全市废旧农膜回收利用工作的牵头单位，充分履行组织协调、日常监管和业务指导等职责，通过分解目标任务、强化业绩考核、开展专项调研、召开废旧农膜回收利用工作推进会等手段加强组织领导、研究部署和推动落实。

开展回收地膜宣传

2020年全年回收废旧农膜总量近2000吨，回收利用率达88.65%。各市、区共计建立回收点193个，回收点建设正从"五有"向"六有"标准转变，全部按照有人员、有场所、有标识、有台账、有机制、有成果规范建设，基本实现涉农镇或街道全覆盖，形成了较为完备的回收体系。

废旧地膜回收点

（4）重大动物疫病防控

"十三五"期间，苏州市紧紧围绕"两个努力确保"（确保不发生重大农产品质量安全事件，确保不发生区域性重大动物疫情）防控目标，扎实做好重大动物疫病防控工作，未发生过重大动物疫情。全市坚持开展重大动物疫病春、夏、秋三季集中防疫行动，对牲畜口蹄疫、高致病性禽流感、高致病性猪蓝耳病、猪瘟、羊小反刍兽疫、新城疫等重大动物疫病实施基础免疫工作。同时，积极开展重大动物疫病病原学与血清学采样检测和监测工作，为重大动物疫病风险评估和预警预报提供技术支撑。

2018年发生非洲猪瘟疫情，苏州市政府立即成立防控非洲猪瘟应急指挥部，严格落实"查、堵、封、禁"四字防控措施。2019年，开展屠宰环节非洲猪瘟"两项制度"，全面开展非洲猪瘟PCR自检，实现批批检、头头检，做到全覆盖。同时持续在苏、浙省际卡口拦截违规调运生猪车辆。2020年，业已形成一套非洲猪瘟常态化防控措施，7月苏州市防控非洲猪瘟应急指挥部印发《非洲猪瘟防控强化措施指引实施方案》，全面部署非洲猪瘟养殖、调运、屠宰环节防控措施。制定非洲猪瘟等重大动物疫病防控网格化管理工作方案，实行"一对一"监管机制。对全市13家生猪屠宰企业开展两轮飞行检查，对环境样品核酸检测为阳性的屠宰企业，严格执行停业48小时处理，并要求必须经过综合评估后方能复产。在屠宰和养殖企业共完成11个生猪运输车辆洗消中心建设。

① 监督执法

"十三五"期间，全市以动物检疫规范化建设为抓手，严格产地检疫和屠宰检疫，全力做好瘦肉精检测工作，保障畜产品上市安全。着力建立并完善省级生猪定点屠宰企业、病死动物无害化处理场和省际动物卫生监督检查站的远程视频监控系统，建立外来品牌肉分销换证远程视频监控管理系统、"瘦肉精"识读机器监测系统、屠宰场生猪进场信息采集系统、病害生猪二维码监管系统，大大提升畜产品质量安全管控信息化手段。2020年，全市开展生猪产地检疫凭非洲猪瘟检测报告出证制度，完成犬猫产地检疫检测实验室资质评审工作。苏州市农业农村局、交通运输局、公安局等部门联合开展两次"违法违规调运生猪专项打击行动"，规范生猪调运秩序，防范运输环节非洲猪瘟传播风险。

② 屠宰管理

2016年开展全市推进畜禽屠宰行业清理整顿三年行动，全市共关闭不合格生猪屠宰企业15家，累计共关闭19家。苏州市华统食品有限公司建成投产，成为全市规模最大、设备现代、技术先进和机械化、自动化程度较高的生猪定点屠宰企业。2018—2020年，全市安装333个摄像头，将畜禽屠宰企业、无害化处理场纳入在线监控范围，重点监控进场、屠宰、检疫、无害化处理等环节。

2019年，苏州市农业农村局在全省率先制定《苏州市生猪屠宰企业非洲猪瘟快速检测实验室建设规范（试行）》，实现全覆盖。共关闭不合格牛羊家禽屠宰点63家，建成集中屠宰企业5家，并统一授牌。完成吴江区2家"四自"生猪养殖企业定点屠宰许可工作。2018—2020年，组织开展生猪屠宰企业省级标准化创建，全市累计完成1家部级和4家省级标准化生猪屠宰示范厂建设。2019年，试点实施"一猪一扣一码"无害化处理信息监管新模式，采用"确认—记录—处理"实现扫码式闭环管理。2020年12月，苏州市农业农村局、苏州市市场监督管理局、苏州市生态环境局联合下发《关于加强牛羊家禽屠宰监督管理工作的通知》，加强牛羊家禽屠宰管理，规范屠宰市场秩序，保障牛羊禽肉上市质量安全。

（5）秸秆处理

为了严防因秸秆露天焚烧造成区域性空气重污染，苏州市政府2009年6月出台有关秸秆禁烧的通告。各地层层摸排，全面评估监控系统设施完备情况，查找问题隐患和薄弱环节。在庄稼收割之前，加大有关秸秆禁烧的宣教力度，做到人人知晓。统一回收处置秸秆，做好秸秆综合利用工作；严格落实巡查工作方案，发动各级网格，安排工作人员全天候不定时进行巡查，确保不发生秸秆露天焚烧事件。

苏州高新区村民将收集的秸秆进行再利用。一是秸秆还田。通过粉碎翻压还田、覆盖还田等方式，增强土壤自然肥力和保水性。二是加工再利用。利用秸秆制作食用菌栽培基料，编制工艺品，粉碎秸秆做饲料、生产沼气等。

太仓市城厢镇东林村把稻秸秆统一粉碎回收，添加生物菌发酵后，按照一定比例和豆渣、麸皮、玉米等混合搅拌，做成饲料喂羊。这项举措不仅一亩地能让农民赚四百多块钱，还带动了当地养羊产业的发展。现在，东林村一年可以消耗秸秆5000吨左右，全村一年的3600吨秸秆往往供不应求，还要从邻村"进口"秸秆。羊场场长徐琼芳介绍道：用发酵饲料喂羊，羊的消化吸收能力提高，羊的生长速度增加了10%左右。

东林村已通过粮食生产全程机械化、秸秆饲料化、肉羊养殖生态化、养殖废弃物肥料化的途径，打造出"一根草、一头羊、一袋肥、一粒米"的循环经济产业链，成为现代生态循环农业标杆。"东林模式"是农业部秸秆综合利用十大主推模式之一。

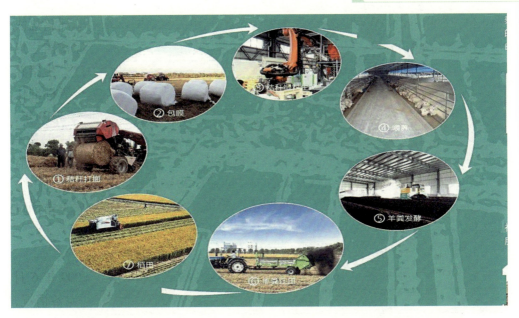

太仓市城厢镇东林村"一根草、一头羊、一袋肥、一粒米"循环经济产业链

张家港和美植物制品有限公司利用秸秆制造环保榻榻米。产品不但保温隔热,还具有防虫、防蛀等特点,一年下来,也可以"消化"掉秸秆千吨以上。

加强"禁止焚烧秸秆 保护生态环境"的宣传

二、壮大集体经济

集体经济是苏州农村经济的生力军。

苏州农村集体经济是植根于人民公社时期生产大队一级核算基础上的社队工业发展以及农村土地属村集体所有而形成的共创共享的经济形态。农村集体经济对农村的繁荣与农民的富裕发挥着不可替代的作用。

改革开放以来的几十年里，随着环境的变化，各方面结构的变化以及科技进步的作用，苏州农村集体经济的形态、模式也发生了深刻变化，注入了新的活力，拓展了新空间，创出了新业绩（表3）。

表3 近10年苏州全市村级集体经济发展成果

年份	农村集体总资产（亿元）	村均可支配收入（稳定性收入）（万元）
2020		1053
2019	3413	936
2018	1970	850
2017	1840	815
2016	1720	801
2015	1610	776
2014	1490	718
2013	1350	650
2012	1200	582
2011	1050	503

（一）农村集体经济发展的多样路径

苏州市农村集体经济组织依托本地资源禀赋，采取宜农则农、宜工则工、宜商则商的开发策略，极大丰富了与市场经济相适应的农村集体经济发展路径。

1. 物业租赁型

村利用区位优势通过盘活存量、新建物业、提高物业租赁价格等方式来获得稳定的出租收入。一是盘活存量物业资产增收。通过对闲置的办公用房、学校校舍、空置厂房、简陋旧厂房等无效、低效存量资产，进行改造、修缮、翻（扩）建等"二次"开发，建设标准厂房、商业店面、仓储设施等进行出租，增加村级收入。二是通过新建物业的方式增加村级收入。村在符合总体规划的情况下，积极争取土地指标，通过建设标准厂房、商业店面房等进行出租。通过建设经营性物业出租，增加村集体经济组织的财产性收入。

2. 联合抱团发展型

针对部分村级集体经济底子薄、可用资源相对不足、发展不平衡等情况，通过以强带弱、强强联合，摆脱单打独斗的局限，改变资金不足的瓶颈，突破地域、资源的约束，形成"1+1>2"的格局，不断增强村级集体经济发展后劲。

3. 异地投资发展型

随着苏州城镇建设的推进，针对被拆迁村资金多但优质项目少的现状，相关部门引导村合作经济组织发展"飞地经济"，打破区划限制实现异地发展，拓宽村级经济发展平台。

4. 企村联建双赢型

开展"万企联万村共走振兴路"行动，以"自愿、共商、共赢"原则，推进企业资源及工商资本投入农业农村，给乡村带去资金、技术、人才、管理等先进生产力和先进理念，激发内生动力和活力。2020年度，全市共联建村居784个，占比82.7%；联建企业283个，村、企对接联建项目达725个，实际投资53.59亿元。

5. 后勤管理服务型

由村集体牵头组建劳务合作社，把农村剩余劳动力组织起来，然后将政府管护资源优先发包给村，提供道路养护、绿化管护、环卫清洁等劳务服务，并进一步拓展服务对象和服务内容，培育村级经济新的增长点。

6. 现代农业经营型

引导和鼓励农户将土地向集体流转，由集体组建合作农场经营，以自主经营为主，以"合作农场+家庭农场"的形式，由农场统一规划布局、统一作物品种、统一肥药配送、统一提供服务，推进农业规模化、集约化经营，村不仅可以获得农业经营收益，还得到财政生态补偿、自主经营、土地流转等各类补贴资金。

7. 资产委托管理型

村级集体经济组织通过民主决策程序，将村（社区）集体资产、资金委托镇级经营管理机构经营管理，变传统分散的经营模式为相对集中的现代经营管理模式。实行资产委托管理后，社区股份合作社资产所有权、收益权与经营权实行分离，其中所有权和收益权保持不变，仍然属于村（社区）集体经济组织全体成员集体所有。通过实施资产委托管理，实现村级集体资产管理转型升级，在不断扩大集体资产规模、增强实力参与市场竞争的基础上，显著提高了集体资产运营的灵活性、创新性，切实促进了集体经济保值增值。

8. 物业提升改造型

围绕高质量发展的要求，以促进节约集约用地和产业转型升级为主线，积极稳妥推进老旧工业区（点）更新改造，打造基础配套完善、产业特色鲜明、管理科学规范、产出效益明显的优质工业区（点）。引导有条件的村积极参与，盘活存量资源资产，淘汰低效产能，实现有效投资的快速增长，切实增强村级集体经济"造血"功能。

9. 精准结对帮扶型

2020年，苏州市安排1亿元市级资金用于支持薄弱村公共服务支出补贴和富民载体项目建设。下达富民载体项目资金5500万元，建立"支出有补助、项目有倾斜、物业有优惠、贷款有贴息、榜单有激励、结对有升级、减负有清单"的"扶薄七有"政策体系，带动全市薄弱村富民载体项目总投资18亿元，可带动村集体增收3017万元。2015年年底，吴江区出台结对帮扶政策，第一个组建区级政策性扶持经济薄弱村转化平台——惠村公司，按照"达标退出、精准扶贫"原则，先后与滨投、城投、东方国资开展4期项目合作，共计投入资本1.715亿元，2020年实现收益1244.04万元，累计实现收益分配4975.08万元、财政配套分配3000万元，薄弱村的年投资回报率超过20%。

10. 优势资源禀赋型

吴中区以打造"一村一品"特色农业为抓手，充分利用和发挥本地资源禀赋优势，做好做优"六加一（一杯茶、一棵菜、一株苗、一只蟹、一头羊、一羽鸡及果品）"产业。以西山、太湖、澄湖等现代农业园区建设为引领，全面推进土地流转发展规模农业，加快结构调整，全区形成了3万亩蔬菜、3万亩茶叶、5万亩苗木、7万亩果品的种植业结构和3万头湖羊、10万头生猪、13万亩特种水产和100万羽家禽的养殖业规模。在东山、临湖等农业经营主导区，特色农业收入已占到农民人均收入的一半以上。同时，因地制宜发展古村游、农家乐、渔家欢等休闲农业，不断增强集体经济后劲，现代农业"六加一"产业年产值达35.6亿元。

11. 产业融合发展型

在农民合法权益得到保障的前提下，将集体土地整理复垦，充分开发集体资源，推动村级经济多元化融合发展。

> 太仓市城厢镇东林村坚持"一产起家、二产兴家、三产旺家"的融合发展理念，建成高标准农田2200亩，百亩林果园1个，农机库5800平方米，工厂化育秧大棚9984平方米，游客中心2000平方米，米厂5000平方米，探索走出了一条以优化发展生态产业、保护和修复生态涵养、节约减排生态保护、资源集约生态循环为鲜明特色的生态友好型农业新路径，形成了生态循环农业的"东林模式"。该村结合田园小综合体，规划建设农耕文化区、稻田漫步道、精品民宿等项目，打造观光型、体验型、智慧型农场，建设"味稻公园"，推动一、二、三产互促互动、相互渗透、融合发展的新格局。

相城区灵峰村建造的村农贸市场

吴中区统一规划建造的富民工业园

第一卷　振兴乡村产业

二、壮大集体经济

吴中区木渎镇天平村建造的商业广场

发展现代服务业和物业经济——田垛里村金田大厦项目

杨舍镇田垛里村投资9000万元，总建筑面积24350平方米的金田大厦位于张家港市人民西路南侧，跃进河东侧，东横河北侧。项目规划A、B两座15层大楼，地下人防一层，A座大楼建成后，拟作宾馆、酒店等商业经营；B座大楼拟作公寓办公楼。目前工程的前期招标工作已经完成，已于2011年6月正式开始打桩施工，主体工程预计2012年12月竣工。

发展现代服务业和物业经济——农联村江帆生活综合楼项目

杨舍镇农联村总投资900万元，建筑面积8900平方米的江帆生活综合楼座落于乌农路、振兴路交界处，共4层，是菜场、集商贸、宾馆、休闲娱乐于一体的综合性大楼，土建、幕墙、消防、水电已全部竣工，招商已达初步意向，预计可增加村集体年可支配财力200万元。

发展现代服务业和物业经济——七里庙村三产大楼项目

塘桥镇七里庙村投资2000多万元的三产大楼项目，座落与沙洲西路、泗港中心路交界处，总面积8380平方米，共8层，是集商贸、酒店、宾馆、休闲、娱乐于一体的综合性大楼，共有停车位124个，配有3部电梯，土建、幕墙、消防、水电已全部竣工，招商已达初步意向，预计可增加村集体年可支配财力300万元。

苏州市各城郊村发展形态转型

苏州市各城郊村依托紧邻城市的优势，大力发展城镇物业，发展第二产业，壮大第三产业，正在逐步实现发展形态由传统物业向城市置业的转型。这种转型既提升了发展的质量，也让广大农民享受到了城乡一体化的红利。

（二）农村集体经济体制改革

1. 政经分开

在苏州工业化、城乡一体化建设新形势下，传统村级治理模式的局限性日益显现。苏州原有的农村管理体制对优化资源配置、明晰产权关系、推进公共服务等方面都存在一定的制约。一是村级集体经济的快速发展，带来了集体资产管理的压力。改革开放以来，苏州村级集体经济快速发展，集体资产增长迅速，农村人口呈现多元化，农村社会建设也步入城镇化轨道。村级资产与财务监管面临巨大压力和挑战。村两委担负着农村自治、集体经济发展、集体资产管理等多方面的职能，难以专注于农村集体资产管理，农村权力过于集中、监管乏力，继而引发利益寻租、暗箱操作等问题。若集体资产管理不善，确权不清，很可能成为诱发农村不稳定的因素。二是村级力量难以支撑起相应的公共服务。伴随着工业化和城市化的快速推进，农村外来人口增多，乡村公共服务事务不断增加，公共开支不断膨胀。在原来的治理模式下，村委会提供公共服务的能力不够，参与农村地区公共事务的人员和经费都难以配套，导致治安、环境卫生等多项公共服务水平较低，城市公共服务难以得到有效延伸，农村基础设施跟不上发展步伐。三是撤村建居后，增加了公共管理难度。全市农民集中居住率不断攀高，撤村建居数量明显增加。但随着农村村域的拆迁重构，农村集体经济组织原有的土地等要素资源与村民逐渐分离。撤村建居时，村级集体经济组织虽然得到保留，但管理体制和发展形式未有实质性改变，客观上农民和过去的村级组织还保持着千丝万缕的关系。"村改居"的公共管理存在诸多问题。

2006年，苏州高新区枫桥街道先行"政经分开"探索，形成"政经分开"枫桥经验，得到了中央领导同志的批示肯定，并被写入中办、国办《深化农村改革综合性实施方案》在全国推广。2014年9月，苏州市委、市政府办公室出台了《关于进一步发展壮大村级集体经济的意见》，提出要全面推行"政经分开"改革，构建农村公共服务财政分担机制。2015年、2016年召开的全市城乡发展一体化工作会议，都提出了要深入推进"政经分开"等多项农村改革试点，进一步激活农村发展的资源要素潜能，为城乡发展一体化提供内生动力。

（1）"政经分开"的内容

"政经分开"是指以基层自治组织行政管理职能与集体经济发展职能有机分离为切入点（包括组织机构分离、选民资格分离、财务核算分离、议事决策分离、资产管理分离），通过一系列农村体制综合改革创新，破解农村基层各种体制弊端，推动农村集体经济二次转型；通过基层社会管理创新举措促使城乡公共服务均衡发展，以消减村（居）矛盾、强化执政之基。"政经分开"涉及农村经济社会管理各方面的治理体制改革，内容包括构建职责明晰、稳定协调的基层组织管理体制，建立科学合理的村级财务核算监督机制，建立产权清晰、权责明确、管理科学的农村集体资产管理和运营机制，构建合理的农村公共服务各级财政分担机制等。

（2）"政经分开"改革的目标

一是理清基层各组织的关系，推进基本公共服务城乡均等化。理清村委会公共管理职能和集体经济组织的经济职能。理清农村公共服务财政分担机制，理清各级应承担的事权与支出责任。

二是村级社会管理与经济发展职能分离，拓展村级集体经济发展空间。"政经分开"是为农村股份合作社市场化所做的必要制度准备。一方面把合作社成员的利益和合作社的发展更加紧密地结合在一起，另一方面有助于推进股份合作社实现由社区型向企业型、由封闭型向开放型、由传统集体经济组织向现代企业制度的转变。

三是进一步理顺基层农村治理和发展机制，加强村居自治能力。"政经分开"的管理体制，有利于明确各自分工，使村委会（社区）能够把主要精力投入到社区日常事务管理中，切实改善和加强社会管理。

四是构建有效的农村集体资产产权管理机制。在"政经分开"前提下进行农村集体产权制度改革，集体经济组织成员权益规范、明晰，集体资产产权和管理透明、公开，集体资产操作规范，资产管理水平和收益提升。

2. 农村产权交易

推行农村产权交易并推进农村产权交易规范化、标准化、透明化，是提高农村资源配置效率和效应、激发农村发展活力、增加农民收入的重要举措。

（1）国家政策

2015年1月国务院办公厅印发的《关于引导农村产权流转交易市场健康发展的意见》指出，引导农村产权流转交易市场健康发展，事关农村改革发展稳定大局，有利于保障农民和农村集体经济组织的财产权益，有利于提高农村要素资源配置和利用效率，有利于加快推进农业现代化。《2018年国务院政府工作报告》提出："加快技术、土地等要素价格市场化改革，深化资源类产品和公共服务价格改革，打破行政垄断，防止市场垄断。要用有力的产权保护、顺畅的要素流动，让市场活力和社会创造力竞相迸发。"

（2）江苏试点

2012年以来，江苏省顺应农村改革不断深化的新形势，先行先试，大力推进农村产权交易市场建设，在建立江苏省统一联网的服务平台和省、市、县、镇四级联动的运行体系，江苏省统一的交易流程和标准示范文书，县级平台全覆盖等方面，走在全国前列。2017 年，国家标准委将江苏农村产权交易市场列入标准化试点，明确由江苏省牵头负责制定农村产权交易市场建设管理等相关方面的国家标准。

（3）苏州探索

苏州市以规范流转交易行为和完善服务功能为重点，创造公开、公平、公正以及透明高效的农村产权交易环境；成功构建四级联网交易体系，率先推出全程线上交易模式，首创"监管+交易"一站式平台，探索开发打包交易全新方式，在全省乃至全国范围内率先推行农村产权全流程线上交易。

（4）成果

① 覆盖范围不断扩大

项目类型不断增加，从初期的承包地经营权流转以及厂房、商铺的出租，逐步扩展到土地、房产、摊位、设备、股权、基金、无形资产等各种动产与不动产项目，涉及农村范围内各行各业、各个领域。

② 交易主体大幅拓展

至 2020 年年底，农村产权交易系统中参与农村产权交易的注册用户数已达 52326 个，其中自然人 37220 人，企业、个体工商户 15106 家。

③ 交易金额逐年攀升

2017 年成交 6852 笔，成交金额 8.3 亿元；2018 年成交 33887 笔，成交金额 27.99 亿元；2019 年全市农村产权交易成交 44639 笔，成交金额 62.11 亿元。

常熟市农村产权交易中心服务窗口

（三）苏州农村集体经济百花盛放

1. 张家港市打造"强村群"

五彩乡村，魅力沙洲。2020年9月17日，在张家港市农村发展大会上，张家港农业农村现代化品牌发布，18个村企联建项目签约，18个村（社区）获得银行授信，首批26名"兴村特岗书记"到岗履职……

大会发布一个重要信息：58个村村级可用财力均超1000万元，组成了全省最大的县域强村群体。

近年来，随着工业化、城市化进程的加快，土地等发展资源日益紧张，村集体收入大多来源于厂房出租，产业层次较低，"散乱污"问题突出；各村之间发展不均衡，一些经济一般村的年收入仅仅是强村的一个零头。

为进一步做大做强村集体经济，张家港市大力推动土地、资金等资源要素，在城乡双向流动中向农村倾斜，在城乡均衡配置中向农村集聚，全面释放农村发展潜力、激发农村发展活力。

产业更新"接二连三"。通过推进农业与文化、旅游、康养等产业深度融合，鼓励引导村集体投资教育、医疗等公共服务类项目载体建设，为村集体提供可持续的收入来源。近3年来，张家港市村集体三产服务业投资占比均超过70%，其中投资2000万元以上的重点项目占到90%。

杨舍镇福前村充分利用地处县域的地理优势，建起了7000平方米的美食街、800亩的生态采摘园，一座千亩"农旅融合示范合作园"正逐步成形。村级可用财力有望突破2000万元。

2019年下半年，张家港湾生态提升工程启动，对沿江企业、码头、养殖场进行全面清理，四分之三的生产岸线调整为生态岸线，打造140万平方米滨江亲水景观带。张家港保税区（金港镇）永兴村借着"张家港湾"生态提升工程的东风，主动融入"张家港湾"建设，成立旅游文化发展公司，以永兴生态园为核心，整合农家乐、采摘园、民宿区，打造田园综合体。

村村联合"抱团发展"。总投资5亿元的冶金工业园（锦丰镇）五棵松科技园，由当地7个经济一般村联合投资兴建，将引进智能装备、精密机械、新材料等企业，打造聚集创新资源、高新科技、高端制造的多功能工业载体，每年可为7个村带来2400余万元收益。

2020年，张家港市村级集体规划新增经营性项目71个，计划投资额38.56亿元，其中列入重大项目的有18个，重大项目投资额占比36.64%。

"万企联万村、共走振兴路"行动。截至2020年9月16日，张家港市共签订村企联建项目114个，计划投资额达43.92亿元，涉及村数98个，村企联建率达66.2%。

2. 坞坵村探索农业发展新模式

常熟市古里镇坞坵村区域面积14.5平方公里，常住人口5000人。该村以传统农业种植为主，原来村级经济薄弱。后来通过拓展现代农业发展路径，丰富农业发展内涵，大大提高了村集体经济实力和村民的收入。2020年，实现村级可支配收入1405万元，农民人均收入40280元。

坞坵村拥有耕地5200亩，2008年下半年开展土地流转工作，依托"坞坵万亩优质稻米基地"的优势，积极争取政策扶持，着力加强农田基础设施建设，打造现代高标准农业示范基地。重点建设完善基地内道路、沟渠、排灌泵站、桥梁等基础设施，结合现代农业建设工作要求，开展河道清理、零散猪舍拆除以及绿化种植等配套建设，初步形成了"田成方、渠成网、路成框、树成行"的标准化农田。同时大力引进新品种和机插水稻、节水灌溉新技术，实行规模化种植，大力发展高效生态农业。坞坵村先后成立了米业、农机两个农业专业合作社，同时积极打造集体农场，种植面积达到1650亩，实现了产、供、销一体化，提高了产品附加值，提升了"白禾""坞坵"品牌的影响力，为市场提供优质、绿色的食品。

坞坵村大力发展高产、优质、高效、生态、安全的特色现代农业，推进"支部+合作社+家庭农场"的"新农"模式，2019年，村农场稻麦种植实现销售收入166万元，盈利67万元，米业合作社大米销售收入352万元，盈利79万元，坞坵村农民纯收入达3.95万元。2020年把握土地发包大户到期的有利时机，积极探索集体合作农场发展新路，全村可流转的土地由合作农场统一经营，完善分片管理和奖励机制，划定10个区块，通过公开竞聘选优管理队伍，严格标准、统一管理，力争增收。

坞坵村农业发展新模式获得成功，人才是关键。该村通过专家培训、能人传帮带，加快培育本村新型农业经营主体和青年职业农民；强化校村合作，与高校科研单位结对，加强技术支撑，使科技农业、智慧农业与新乡村有机结合。深化结构调整，放大优势，精准施策，精准发力。以生产有机稻米为主攻方向，拓展健康功能大米、富硒大米等多元品种的种植，打造优质品牌；创新种养结合模式，建设美丽牧场，探索生态循环农业；结合特色田园乡村创建，探索发展农、教、旅融合的田园综合体，推动"稻田+"模式，大幅度提升土地收益。

坚持走绿色发展、生态发展、多元发展道路，坞坵村稳定性收入从2008年的70多万元发展到如今的1059万元。2019年，坞坵村股份经济合作社在全镇率先实现股份分红，当年股金分配总额101.7万元，户均获得分红1012元。村所有道路全部硬化，全面实施4个区域的"两清两治"，创建了2个"三星级康居乡村"和1个"苏州市特色田园乡村"，坞坵村已成为社会主义新农村建设的一个典范。

3. 昆山市金华村"五步"走出"五彩"振兴路

昆山市金华村位于张浦镇北侧，村主要交通干道江浦路贯穿村中，交通便捷。村域面积3.4平方公里，有26个村民小组、农户1003户、户籍人口4150人。该村是2001年由原金华、北村两村合并而成，目前仅保留南华翔、北华翔两个自然村。村内保留农户240户，常住人口1580人。2006年正式揭牌成立金华村党委，共有党员160人，下设"农业""个私""老龄一""老龄二"等4个支部。

金华村是昆山市首个全国文明村。近年来，金华村党委解放思想探新路，不遗余力谋发展。金华村拥有固定资产8272万元，其中经营性资产7186万元。2019年村级稳定性收入达2118万元，村民人均纯收入47078元。金华村于2019年顺利通过首批省级特色田园乡村建设验收，获"江苏省特色田园乡村"和"苏州市特色田园乡村（精品示范村）"荣誉称号。

第一步，奠定产业基础。从2004年起，先后异地建造简易厂房2万平方米，打工楼3万平方米，标准厂房2.6万平方米。2006年开始推出商业用房，利用镇区规划积极进行配套，先后建造和购买镇中心店面房1.6万平方米。2011年，金华村带头出资550万元，成立了抱团发展的昆山乐浦强村有限公司，村集体资产由少到多，村级实力由弱变强。

第二步，拓展富民渠道。先后通过成立三大合作社，想方设法增加村民收入。2004年成立金华富民合作社，入股户数407户，先后投资647万元建设的6818平方米厂房及7612平方米打工楼两大项目，取得明显收益。2010年成立金华村社区股份合作社，并实现股权固化，村民人均分红逐年递增：2019年村民人均分红1360元，全年分红560余万；2010年新办土地股份合作社，有447户村民参股，流转土地面积570亩。另有对外投资2275万元，年收益169万元。

通过三大合作社的带动，直接增加了村民的收入。

第三步，规范租赁程序。金华村依托昆山市农村产权交易中心管理平台，对集体资产实行线上交易，并以第三方询价评估的形式，更加规范租赁程序。通过苏州市农村集体"三资"监管平台，做好"三资"管理。同时严格落实"政经分开"改革，让产业发展的成果更多地惠及老百姓。

第四步，盘活闲置宅基地。2016年，金华村通过"一村二楼宇"政策，向政府申请利用村内闲置宅基地建造集体用房，用于发展民宿经济。于2017年建成标准农房3栋，其中两栋已打造成特色民宿"菁华宿院"，与上海民盟书画院合作，创建田园创作室，打造以艺术为主题的民宿集群及特色乡村旅游目的地，盘活闲置资源，壮大集体经济。

第五步，推进农、旅一体。在省级特色田园乡村建设的基础上，金华村探索发展乡村文旅产业，积极打造乡村振兴综合示范区。2019年，金华村与北京田园东方集团携手合作，将原来的村庄老厂房腾退，搭建田园客厅新平台，打造集农事体验、艺术田园、乡村众创、亲子度假于一体的产、学、创、游相结合的乡村生活体验地。引进生态农业项目——薰衣草花海，把"美丽"做成发展增量，结合金华农庄、果品基地等特色，发展乡村全域旅游，带动富民增收。

金华村通过"五步走"，走出了一条"党建红色、发展金色、生态绿色、民生橙色、文化紫色"的"五彩"乡村振兴之路。

4. 灵湖村双轮驱动发展集体经济

灵湖村是位于吴中区太湖之畔的一个行政村，全村总面积4.3平方公里，耕地面积2880多亩，绿化面积1200多亩。现有9个自然村，共25个村民小组。总户数897户，户籍人口3567人。

灵湖村80%的辖区面积在沿太湖1公里生态保护区内，村级经济发展受到较大制约，村级收入主要靠原始单一的发包，村级集体经济比较薄弱。灵湖村积极探索适合本村的发展道路，形成了"资本联合抱团发展""资源整合融合发展"双轮驱动格局，逐步将"生态保护限制"转化为"生态发展优势"，开创了农村集体经济发展新局面，实现了经济量质双升和农民持续增收。灵湖村年稳定收入从2010年的200万元发展到2020年的1280万元。

资本联合抱团发展。2015年，灵湖村作为沿太湖地区集体经济发展薄弱的一个行政村，抢抓市、区两级"薄弱村帮扶重点村"的机遇，与镇内"工业强村"采莲村、"养殖强村"前塘村共同出资8000万元，联合成立了苏州众村联合投资发展集团有限公司,在集团公司大框架下,分别成立永飞制衣、群维景观绿化、众隆物业管理、众垚文化旅游发展等四大子公司,总注册资本为3500万元。众村公司按照现代企业制度,科学经营管理。一是盘活闲置资产,增强造血功能。众村公司积极开展异地资产收购拓宽发展空间,2015年以1200万元收购了土地面积6703.4平方米、建筑面积6853.94平方米的苏州永飞制衣有限公司,该项目房地产评估价值为1437.32万元;以4000万元收购了土地面积24240平方米、建筑面积30187.7平方米的苏州聚嘉机械制造有限公司,该项目房地产评估价值为5708.56万元。2017年,众村公司又收购了人民公社131亩土地和3500平方米房屋。2019年,以1358万元收购了土地面积10000平方米、建筑面积5144.26平方米的远利服饰厂房。目前众村集团拥有土地面积168亩,建筑面积为44436平方米,2020年租金总收益838万元。二是发挥禀赋优势,发展绿色产业。2015年8月,苏州众垚文化旅游发展有限公司与远见商旅旗下远泰旅游目的地管理公司达成战略合作协议,投入3200万元,共同打造"玖树,森林的秘密"度假社区项目,现由苏州森之临旅游文化发展有限公司经营,年租金为210万元。以黄墅村自然村为核心实施田园综合体建设,通过对村落进行综合性整治提升,使村落、水系、田园、树林等四方面既轮廓清晰又相互交融,打造出了富有江南水乡气质和人文底蕴的田园乡村,进一步彰显了自然纯朴的田园风光。田园乡村建设又为灵湖村全力打造农文旅优质产业链条打下了坚实的硬件基础。三是实施政策倾斜,推进富民强村。众隆物业服务管理有限公司积极争取政府支持,承接全镇22.1万平方米的动迁安置小区、4个公园和7个行政村的安保业务,为提高3个村的经济收入开辟了新的途径,也为本地村民特别是"40、50"人员提供了170多个就业岗位。村际联合抱团发展模式突破了地理限制,通过资本联合,解决了单个村做不了、做不好项目的难题,实现了合作共赢,推动了集体经济发展壮大。

资源整合融合发展。灵湖村在夯实村级资产家底的同时,着力探索集体经济融合发展新路径。一是着力打造环境,唤醒沉睡资源。2017年8月,灵湖村黄墅自然村借助入选江苏省首批特色田园乡村试点建设单位机遇,完成了污水管网改造、三线入地、道路铺装修缮、房屋粉刷见新、河道清淤、驳岸改造等建设工程,村庄整体面貌焕然一新。灵湖村积极发挥基层民主议事作用,通过民主决议成立村级合作社,盘活闲置资源。对村民"空关"的房屋,按楼房150元/平方米、平房120元/平方米的价格实行租赁,有"空关"房屋出租的村民每年可收到4万~5万元租金。也有的闲置房屋由村合作社进行统一修缮装修后，改造成"旅居养老""候鸟式养老"等"能造血、能富民"的村级项目，2018年，灵湖村稳定收入达到1109万元。二是创新经营思路，拓宽整合视野。2019—2021年，村实行"外力推动，外脑促动"的发展思路，改变以往"守株待兔"的工作方式，主动上门招商，促进以商引商；对原有规模小、管理混乱的项目租户予以清退；采用"先付后租、先投资后经营"的租赁合作模式，杜绝"收租慢、收租难、欠账多"等财务风险及合同纠纷。三是发展农文旅项目，增强发展活力。2019年，灵湖村获评为"苏州市共享农庄"，以此为契机，该村制定了"一馆三车三园"的发展思路["一馆"：黄墅1978时光咖啡馆；"三车"：黄墅田园小火车（有轨）、森林探秘小火车、穿巷油桶小火车；"三园"：黄墅美丽菜园、黄墅风车乐园、黄墅美丽花园]，取得了很好的经济和社会效益。在经营黄墅1978时光咖啡馆过程中，引入星空泡泡屋3座，每座泡泡屋可容纳5人，游客当日在黄墅1978时光咖啡馆消费满200元即可入座，既扩大了咖啡馆的原有营业面积，又提升了游客至村消费的乐趣及体验感，2021年春节一周累计营收达到了84333元。黄墅田园小火车（有轨）自运行以来，吸引了大量游客至现场体验，《苏州吴中灵湖村：小火车"开出"乡村旅游新天地》的文章被学习强国App苏州学习平台录用；2021年春节期间，小火车项目单日平均营收1.35万元，年初二至初十9天田园小火车总收入达113990元，累计接待游客1.83万人，引爆苏州本土乡村旅游热潮。组合经营黄墅美丽菜园、黄墅风车乐园、黄墅美丽花园。灵湖村按"三园三步走"进程，利用黄墅村北侧空地打造黄墅村美丽菜园，蔬菜收割后，灵湖村在原菜地基础上将美丽菜园置换为风车乐园，通过布置6000余个大小风车，营造"风筝季节"视觉盛宴，为游客提供全新的田园小火车乘坐体验，延长游客驻足观赏时间；同时种植5亩虞美人，形成虞美人花海，打造全新"黄墅美丽花园"，为游客提供不同时间的不同体验，培育"长期消费、循环消费、人性化消费"的优质乡村旅游消费模式。预计到2021年年底，灵湖村集体经济年收入将达到1400万元，乡村旅游收入占集体经济比重超21%，灵湖村走上了旅游富民、生态富民、产业富民的康庄大道。

三、发展新业态经济

近年来，苏州立足自身资源禀赋和农业产业基础，加快调整产业结构，优化产业布局空间，做精做强主导产业。同时，在市场化、科技进步背景下，生产要素全社会流动,农村新业态经济迅猛发展,尤其是"网络"改变了传统的经济格局和经济形态。一二三产业融合发展,电子商务、农商、农校、农科、农企、农超等互联互通,要素优化整合,多地区、多行业、多部门共享共赢。

(一) 一、二、三产业融合发展

苏州市从2013年5月起积极培育农产品直供直销新型业态,加快推广农超对接、农社(区)对接、直供门点、物流配送、电子商务等现代营销新模式,拓宽销售渠道,搞活农产品流通。2014年以后农产品现代营销蓬勃兴起。一是加快健全完善区域性农产品市场,"菜篮子"产品的每个主产区都建设有1个以上批发市场或配送中心。二是创新产销对接模式,大力培育农产品产销对接经营主体,发挥基地、农业企业、合作社等在地产农产品产销对接中的主导作用,鼓励开展农超对接、直供专销、农产品进社区等。三是积极发展农产品电子商务,建立网上交易平台,或与"天猫""淘宝""京东""1号店"等电子商务平台合作,拓展网上交易市场。至2020年年底,全市建成市级"菜篮子"直供直销网站46家、社区配送网点100家、网络联手合作销售平台300多家,利用网络营销农产品达到16亿元。阳澄湖大闸蟹、洞庭山碧螺春茶、太湖大闸蟹、枇杷、杨梅、草莓等优质农产品网上营销销售额超过2000万元。涌现了张家港"梁丰"、常熟"海明"、太仓"绿润"、昆山"玉叶"、吴江"众诚"、吴中"雨花绿"等一批现代营销典型。

坚持政府推动、农旅融合、村镇互动、农民参与的形式,充分挖掘苏州农业文化,拓展现代农业功能,加快创建休闲观光农业示范村,打造一批有特色、有品质、有创意的休闲观光农业特色田园、精品路线和本土品牌,推进农、林、畜、渔与旅、教、文、康等深度融合。全市共培育全国休闲农业与乡村旅游星级企业29家,创建"中国美丽休闲乡村"10个、省级"美丽休闲乡村"24个、省级"休闲农业精品村"18个、省"主题创意农园"31个、省级"休闲农业精品星级企业(园区)"5家、市级"休闲农业精品村"28个,8个乡土地标美食入选全省百道乡土地标菜名单,成功创设"苏韵乡情"乡村休闲游App"美丽幸福新天堂"苏州特色馆,每年向社会推荐十多条休闲农业和乡村旅游精品线路,有力促进了休闲农业串点成线、连线扩面、点线面结合集聚发展。每年各地举办的赏花节、采摘节、农耕文化节、推介会等各类农事节庆活动多达80余个。2020年,全市有各类休闲农业经营主体2177家,接待游客4300.2万人次，营业收入超过57亿元，同比分别增长44.6%和39.1%，从业人员达4.07万人，带动农户9.1万户，休闲农业和乡村旅游正成为全市乡村产业发展的新亮点、新引擎、新产业。

（二）农副产品深度加工

进入21世纪以来，苏州大力发展农副产品加工业和现代营销，延伸农业产业链，提升农产品附加值和农业综合效益；大力开展农副产品精深加工，重点发展农副产品生产加工集群。截止到2015年，全市农副产品加工业布局不断优化，初步形成了门类比较齐全的农副产品加工体系，有力促进了全市现代农业的发展和农民的增收致富。在粮油果蔬上，着力推进优质稻米、面粉、油脂、蔬果加工等，形成了"江苏田娘""恒丰淀粉""金利油脂""海明蔬菜""沙洲优黄""口水娃"等一批生产加工品牌；在水产品上，鼓励发展水产品冷冻食品加工、干制加工、鱼糜制品加工、水产罐制品加工、水产调味品加工等，涌现了常熟金唐市、励苏远洋、吴江华鑫等一批企业；在畜禽产品上，大力发展肉品加工、蛋品加工、乳品加工以及畜禽副产品综合利用等，扶持形成了"众诚鸭业""苏太猪""温氏养鸡""好滋味"等一批生产、加工、销售一体化的产业集群。

2016年，重点发展农产品分级、保鲜、储藏、冷链等产地初加工，引导企业实施农产品精深加工，培育了一批农产品加工业、物流、配送、电商等融合发展的新业态、新模式，全市已拥有各类规模型（年销售额超过2000万元）农副产品加工龙头企业900多家，预计实现销售收入500多亿元，创造净利润20亿元。深入实施主食加工提升行动，推广一批农产品精深加工实用技术，支持精深加工装备改造升级，引导企业实施农产品精深加工项目，促进企业转型升级。围绕优势特色主导产业布局，坚持特色化、集约化发展，加快推进农产品加工集中区建设，通过政策优惠、设施配套、利益机制创新等方式，引导龙头企业向优势产区集中，推动企业集群集聚，培育壮大区域主导产业，增强区域经济发展实力。

到2020年年底，苏州初步形成了门类比较齐全的农副产品加工体系，全市有农产品加工型农业企业1425家，年总产值2632.31亿元，主要涉及粮油、畜禽、果蔬等10多种。年销售超过1亿元以上的有48家、10亿元以上的有12家、50亿元以上的有1家。"新三板"上市企业有4家，"农业板"挂牌企业有24家。有25家企业被部、省认定为高新技术企业，20家获得部、省级科技进步奖，17家设立院士、博士后工作站，21家引进博士或"双创"人才。

【典型】 常熟市支塘农副产品加工集中区

常熟市支塘农产品加工集中区位于常熟市支塘工业园,于2014年1月被认定为省级农产品加工园区。园区布局合理,设施配套,农业企业集群集聚特色显著,农产品贸易、加工"一枝独秀",是集粮油、畜禽、水产、速冻、炒货、饮料、膨化食品、木制品、旅游休闲、市场贸易等领域为一体的贸易推动型农业开发园区。

2020年园区入驻企业共20多家,年加工销售收入70多亿元。有中国驰名商标"阿里山"食品,有省名牌"阿里山"炒货、"川城"茶叶等,有苏州名牌"傻明"炒货、"全意"米粉、"虞城"大米、"大雁"木门等,还有"蒋巷村"大米、肉鸡、鸭蛋,"盛绿"中华绒螯蟹,"马沙"生猪,"川城"牌白茶、绿茶等品牌农产品。园区共带动种植基地20多万亩,饲养畜禽1000多万头(只),水产养殖面积2.5万亩,带动农户10多万户。

建设经验:一是政策把握,获得财政支持。近年来,省、苏州市及常熟市都出台了有关推进农业现代化的产业项目、龙头企业的财政扶持政策,支塘农产品加工园区根据政策精神,4年中,累计实施近20个企业技改项目,总投入3000多万元,获得财政支持1000多万元,成功推进了机器换人、环保环境等项目建设,提高了产能、产品质量与效益。二是做大龙头,线上线下并进。园区通过搭建各类平台,网络信息互通,吸引大物流企业入驻华东食品城,发挥龙头作用,共同组建现代销售、物流一条龙产业。以自营、委托合作等多方式开展线上交易,企业产品知名度大幅提升,线下产品销售与品牌联盟,销售渠道拓宽,效率更高更快。三是鼓励创新创意,促进新品开发。组织园区企业参加各级政府举办的各类产品展销展会、创新创意大赛与论坛,拓宽视野,掌握政策,结合市场需求与自身实际,不断开发新品,增强竞争力。四是建好基地,融合联合带动。园区与常熟市白雪米粉厂建成产销联合体,与蒋巷村常盛旅游发展有限公司建成"蒋巷书苑",共享农庄和省级绿色优质水稻基地,促进本地主导产业融入园区加工体,增加带动能力。

（三）农产品电子商务

苏州市大力培育农产品电商企业，鼓励农民开展农产品线上销售，积极推动农产品电商平台建设，农产品电商蓬勃发展。直采直供、社区拼购、认养农业等"互联网+"农产品的新业态、新模式不断涌现，全市农产品电子商务销售额从2017年的30.32亿元增长到2020年的73.49亿元。

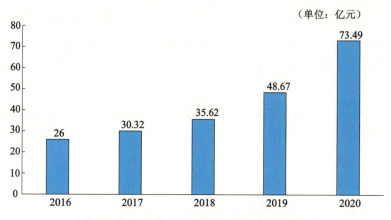

"十三五"期间苏州市农业电子商务销售额统计

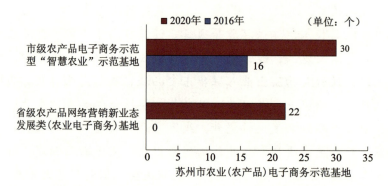

苏州市农业（农产品）电子商务示范基地（单位：个）

【典型】 **苏州食行生鲜电子商务有限公司**

苏州食行生鲜电子商务有限公司是一家采用"预订制"模式，通过全程冷链配送和社区智能冷柜自提方式，为用户提供优质生鲜服务的中国新零售领军企业。

该公司从家庭消费更多属于计划性消费这一底层逻辑出发，在深刻理解生鲜零售的第一性原理是要不断降低交易费用、提升用户体验的基础上，首创"预订制+全程冷链+冷柜自提"的运营模式，实现生鲜零库存，并通过集约化冷链配送，降低损耗和配送成本，成功解决了生鲜电商领域一直以来普遍存在的高成本难题。依托高效的运营模式和完善的供应链体系，食行生鲜为更多的消费者带去新鲜、丰富、价优、安全的生鲜食材。

截至2020年7月底，食行生鲜在苏州、上海、无锡等3个城市覆盖4000多个站点，服务300多万户家庭。

一、食行生鲜C2B2F模式，探索智慧农业发展新模式

食行生鲜首创的C2B2F（Customer to Business to Farm/Factory）模式，以电子商务为载体，以社区智慧微菜场为服务点，通过大规模的基地直采和集约化的冷链配送，直接连通农产品生产基地与消费者。食行生鲜提供的产品包括蔬菜水果、鱼肉蛋禽、粮油副食等16个品类10000多个品种，涵盖居民日常所需的食材，用户可以通过电子商务平台随时随地订购生鲜产品。

二、创建智慧电子商务平台，推进农产品电子商务发展

创建食行生鲜智慧电子商务平台，不仅为社区居民提供生鲜宅配服务，也为居民提供了现代生活新方式，社区居民通过手机下单可随时随地订购生鲜产品。同时，研发客户订购系统、采购及仓储信息管理系统、配送中心信息管理系统、智能生鲜直投保鲜柜等四大子系统，建立生鲜农产品电商"采、供、购、配"的最佳解决方案及技术平台，运用全新的生鲜农产品营销模式，开创生鲜农产品销售的新型现代服务模式。

三、建立生鲜冷链体系，推动生鲜城配冷链标准化运营

食行生鲜采取全程冷链配送，从基地到配单中心、从配单中心到社区智能冷柜，在运输途中严控车厢温度。其中，在配单中心对所有

生鲜产品实行分温冷链环境下分拣作业，确保食材全程无缝对接和不脱冷，损耗率是行业水平的1/5。从配单中心到自提柜的配送环节由200辆公司自营标准冷链车负责配送入柜，同时研发智能冷柜温度管理系统，降低最后一公里配送成本。

四、打造农产品质量追溯体系，全力保障食品安全

食行生鲜依托大数据、云计算、物联网等智能技术，创建"全流程闭环追溯智慧微菜场系统"，不仅赋予每一个产品独一无二的产品二维码，而且做到了全链条可见、可控、可追责，对产品实现了从生产、仓储、物流、销售直至售后等全流程追溯，全力保障食品安全，保持产品的新鲜度。食行生鲜已在苏州铺设1200多家社区智慧微菜场，"一手牵农民、一手牵市民"，既为产地解决销路，鼓了农民的钱袋子，又全力守护好市民的菜篮子。

食行生鲜自建检测中心，每日对所有批次产品进行抽检，每日公布检测结果。通过严格的管理与把控，食行生鲜已获得ISO9001、ISO22000、ISO14000、HACCP、OHSMS18000等体系认证。

【典型】 布瑞克（苏州）农业互联网股份有限公司

布瑞克（苏州）农业互联网股份有限公司是一家基于农业大数据的农业产业互联网公司，主要运营农产品集购网（大宗农产品现货电商B2B）、农牧人网（中国县域产地品牌农业电商B2C）和农业大数据平台。2018年、2019年、2020年连续3年入选苏州市独角兽培育库企业，2020年晋级苏州市民营企业100强榜单，2020年入选国家级数字商务企业。

农产品集购网主要为大宗农产品现货电商交易提供一站式的解决方案，提供包括"产业互联网交易平台+智能物联储运+供应链信用风控平台"等的一站式服务。作为农业领域优秀的产业互联网项目，农产品集购网不断拓展城市合伙人营销模式，截至2019年年底，城市合伙人数已达120家，借助城市合伙人所处本地物流、仓储资源优势，加以布瑞克标准化改造，为大宗农产品终端客户提供优质的本地化服务，产销挂钩直达客户，提升了效率及最终用户的服务体验。通过农业大数据连接农业生产端、流通端、消费端，成功打造了基于农业大数据，连接一、二、三产业的农业产业互联项目。截至2020年11月初,农产品集购网注册用户已超80000家,交易用户突破14451家。2020年销售额为87639.03万元。

(四) 农校农科合作

近年来,苏州大力推进农业与科研院所合作(表4),将科研院所的科技优势、资源优势、人才优势与农村的资源优势、劳动力优势有机结合起来,成功转化为苏州的农业发展优势、创新优势、竞争优势,促进了农业的升级、提质、增效。

合作方式:多渠道、多形式。重在实效,实现双赢。

表4 苏州农业与科研院所主要合作情况

合作情况	合作起始时间	合作内容
张家港神园葡萄科技有限公司与南京农业大学合作	2016年	葡萄高效数字化育种平台建设
扬州大学与常熟共建扬大(常熟)现代农业发展有限公司	2015年	优质水稻高效绿色生产技术示范和绿色生产新装备展示
太仓市东林水稻园区与苏州农业科学院合作	2014年	"草—羊—田"农牧循环农业模式及产业化实践
昆山市澄湖水产良种有限公司与上海海洋大学合作	2012年	成立昆山市水产苗种科创中心,开展水产新品种引进、示范与推广
昆山与南京农业大学合作共建蔬菜产业研究院	2014年	承担部(省)农业重大技术协同推广计划试点项目和科技自主创新资金项目
苏州市康绿农产品发展有限公司与中国科学院南京土壤研究所合作共建院士工作站	2010年	农业清洁循环生产关键技术研究、集成与示范
相城区农业农村局、阳澄湖镇政府、阳澄湖现代农业产业园与中国水产科学研究院淡水渔业研究中心合作	2017年	水产新品种研发,养殖新技术、新模式的示范与推广
苏州市人民政府与中国农业科学院合作共建中国农业科学院华东农业科技中心(苏州)	2021年	生物育种、高端农业、智慧农业等
苏州市农业农村局与南京农业大学合作共建南京农业大学(苏州)水稻种子技术研究院	2021年	水稻新品种选育推广、产业化开发、品牌建设等

第二卷
力补乡村短板

我国发展最大的不平衡是城乡不平衡，最大的不充分是农村发展不充分。

——习近平

要在资金投入、要素配置、公共服务、干部配备等方面采取有力举措，加快补齐农业农村发展短板。

——习近平（《在十九届中央政治局第八次集体学习时的讲话》）

苏州市坚持不懈地补短板，加大农村公共基础设施及农村基本公共服务建设力度，改善农村生活环境，提高农民生活水平，逐步消除城乡差距。

一、公共基础设施更广地在农村覆盖

医学上有句话叫"不通则痛"。这个道理对农村发展同样适用，"通"是先决条件，"通"则活。

乡村要振兴，农村要实现现代化，路、桥、水、电、汽、网、讯等基础设施必须先行、畅通。

近年来，苏州在"通"字上下了硬功夫，为农村发展带来了勃勃生机和活力。

（一）路通

俗话说"要想富、先修路"。"四好农村路"建设是习近平总书记亲自总结提出、领导推动的一项重要民生工程、民心工程、德政工程。"四好农村路"为农村特别是贫困地区带去了人气、财气，也为党在基层凝聚了民心。

苏州高质量推进"四好农村路"建设，通力合作打造"四好农村路"示范市，按照"建好、管好、护好、运营好"的总体要求和"文化浓"的独有目标，建成了一批"特色致富路""美丽乡村路""美好生活路""平安放心路""乡韵文化路"。至 2019 年年底，苏州全市实现行政村双车道四级公路覆盖率 100%，镇村公交开通 100%，镇农村物流场站 100%，村物流节点 100%。成功争创省级"四好农村路"示范市。

1. 打通最后一公里，农路"建设好"

从农村公路建设、管理、养护、运营等 4 个维度，全面实施农村公路提档升级。"十三五"以来，苏州全市累计投资近 80 亿元，新改建成农村公路 295 公里，桥梁 114 座，完成安全生命防护工程 3832 公里，进一步提升了农村公路通达深度、技术等级和安全保障水平，确保全市 1015 个行政村和 36 个特色田园乡村通双车道四级公路，2450 个规划发展村庄通等级公路，实现了农村地区由"走得了""走得畅"向"走得好""走得爽"的提升。注重打通农村公路上的"断头路"，加强农村公路与国、省干线公路互联互通，加强区域间以及城际、省际公路的连接。

2020年，投资近20亿元，完成农村公路提档升级工程92公里，农村公路危桥改造27座，新改建农村公路交工验收合格率100%。截至2020年年底，苏州市农村公路县道三级及以上等级公路比例达100%，乡村道双车道四级及以上等级公路比例达73.2%，农村公路三级及以上等级公路比例达65.5%，农村公路桥梁三类及以上比例达100%，对于四类或五类危桥发现一座、确认一座、处置一座，确保农路桥梁安全运营100%。

突出强化农村公路桥梁养护管理。苏州水网密布，桥梁安全至关重要。各地加大了农路桥梁的隐患整治力度，委托专业检测单位，完成7867座农村公路桥梁技术状况评定，其中一类桥梁2017座，二类桥梁5469座，三类桥梁336座，未评定38座，在建7座，无四类或五类桥梁。

突出重点监管，全面确保农路工程质量。苏州市农村公路建设按照统一领导、分级负责的原则，各市（区）、镇政府是辖区内农村公路建设的责任主体，农村公路建设资金纳入政府财政预算。为保障农村公路建设优质，2003年苏州市交通局就制定出台了《苏州市农村公路建设质量管理实施细则》《苏州市农村公路建设检查考核与验收办法》等文件，严格执行公路工程建设基本程序，推行农村公路"打捆招标"，贯彻落实农村公路建设"七公开"和"三同时"制度，有效确保了农村公路工程质量。2020年，扎实推进农村公路"品质工程"建设。太仓市重点打造玄武路西延和花木路北延工程，总投资约2200万元。

太仓市浮桥镇三市村村道

太仓市城厢镇东林村长逾 5 公里的彩虹小康路

2. 构建发展保障网，农路"管理好"

按照国务院、省政府关于深化农村公路管理养护体制改革工作的要求，制定了《苏州市深化农村公路管理养护体制改革实施方案》（简作《方案》）。通过《方案》的实施，农村公路治理体系基本形成，治理能力明显提升。农村公路通行条件和路域环境明显改善，交通保障能力明显增强。农村公路列养率达到 100%，县道、乡村道年均养护工程比例不低于 6%、5%，中等及以上农村公

吴江区汾湖开发区杨文头村

路占比不低于90%。农村公路三类及以上桥梁占比100%。农村公路上的公交站（亭）、公交停车场等公共服务设施维护管理基本到位。规划到2035年，全面建成体系完备、运转高效的农村公路管理养护体制机制，基本实现城乡公路交通基本公共服务均等化。

3. 提升常态化养护，农路"养护好"

2008年，苏州市交通局制定了《苏州市农村公路养护管理检查考核办法（试行）》，有力推进了农路日常养护全覆盖。在农村公路养护全覆盖的基础上，进一步落实科学养护理念，推动养护市场化，积极推广"四新技术"运用，不断提升农路养护科学化水平。2020年，各县（市）、区财政投入农村公路小修保养、路况检测和桥梁评定、大中修资金近8亿元；镇、村两级财政投入近2.8亿元，实现了路况水平、服务功能、科学管理三大提升。

结合交通干线沿线绿化及环境整治工作，织密了农村绿色生态网络，农田、村庄、河流相映成趣，绿化景观亮点纷呈。交通干线沿线违法建设拆除40.1万平方米，垃圾渣土清除21877.6吨，户外广告拆除309处。沿线新建及改造提升造林绿化面积5700亩，投入资金总额达2.5亿元。沿线已建成三星级康居乡村45个，农田环境整治面积24197亩，养殖池塘整治面积7071亩，综合治理禽养殖场户41个。苏南运河苏州段西起苏、锡两市交界的新安沙墩港，南至江、浙两省交界处的鸭子坝，流经相城区、虎丘区、姑苏区、吴中区和吴江区，是京杭大运河"黄金水道"的重要组成部分，是太湖流域腹地和长江下游地区重要

常熟市莫城街道和甸村村道

的洪涝调节和转承河道，具有航运、防洪、排涝、灌溉、文化、景观、旅游等多种功能。

近年来，苏州加大河道保洁工作，对苏南运河苏州段等26条市级河道和821条沿线支河的保洁工作全部完成，累计投入2.1亿元。

4. 加强统筹协调，农路"运营好"

构建全面覆盖的城乡公交网络。按照城市公交、城镇公交、镇村公交的城乡公交三级网络架构体系，形成了统筹协调、有效衔接融合的城乡公交网络体系。结合居民出行实际需求，全市镇村公交开通率100%，成功实现镇村公交全覆盖，解决了最后一公里的出行难题。全市城乡公交运营线路总数695条、公交车5275辆，其中，一级线网222条2639辆车、二级线网161条线1674辆车、三级线网312条线962辆车。全市城乡道路客运一体化发展水平保持在AAAAA级。

形成完善的城乡基础服务设施。以农村客运站、公交首末站建设为重点，配套城乡公交线路发展，优化建设标准化农村客运站（公交首末站）、农村候车亭，截至2020年年底，各县（市）、区城乡公交枢纽站26个，城乡公交首末站155个，公交站点总数13021个，形成了高等级、标准化、高密度的城乡公交场站网络格局，农村百姓出行便捷。

吴江区盛泽镇黄家溪村入村公路

（二）电通

1. 加大农村电力电网设施建设力度

近年来，苏州全面实施乡村电气化提升工程，优化农村电网结构。加大农村电网建设力度，全面巩固提升农村电力保障水平。

2016—2020年，苏州供电部门共投资近40亿元用于农村电网的建设与改造，遵循因地制宜、适度超前、一次规划、整线整片改造原则，持续优化电网供电设施，将新农村电气化建设纳入日常农网项目建设，加强农网科技创新工作，积极采用智能化、少维护、可靠性高、技术先进、节能环保和维护方便的电力设备；积极采用电能质量控制技术，加强谐波治理、三相不平衡管理、无功补偿等技术的应用，提高供电质量。通过增加农村配变和高低压供电线路的升级改造工程，缩短了供电半径，提高了户均配电容量，使广大农村用户的电能质量、供电可靠性有了明显提高，保证了居民的生产生活用电需求。苏州农村地区低压绝缘化率由2015年末的51.5%提升至2019年末的100%，有效解决了低压线路老旧、设备陈旧等问题，提升了农村地区供电可靠率及安全运行水平，为坚强电网"最后一公里"打下了牢固的基础。

2. 乡村电气化——生产生活全覆盖

（1）农业生产

苏州累计投资8941.57万元，为高标准农田配套建设变压器240台、高压电力线路68401米等。建设电气化大棚1194个，对大棚电气、环境量数据进行实时监控，保证大棚内的温度和湿度以及蔬菜加工电气机械化。建设电力排灌站8828个，主要服务于农副业生产、水产养殖、农村灌溉及抗洪排涝等。

（2）乡村产业

苏州累计推广电炒茶用户161户。建设电气化畜牧养殖场64个。建设电气化水产养殖场6554个。拥有农业产业科技园37个，电气化仓储物流基地42个。建设全电景区8个。

（3）乡村生活

① 煤改电。积极推广智能家居和节能家用电器等技术与产品，促进乡村家庭电气化水平提升。对乡村餐饮业，积极推广煤改电、气改电项目，自2020年

以来，累计完成135户煤改电业务。

②绿色交通出行。建设农村电动公交场站152个，电动公交车856辆，家用电动汽车13468辆。开辟"绿色通道"，实现电能替代工程从业扩报装到送电全程跟踪上门指导，为用户提供全方位服务。

③服务农村基础设施。助力农村污水处理项目，为2800多套污水处理设备接通电源；助力政府"千村美居""人居环境提升"等实事工程，为265余座垃圾分类收集站点、870余个厕所接通电源。

（4）智慧用电

张家港建设农业科技创新基地1座，增容500 kW。推广光伏项目1个，增容22 kW。昆山未来屋智慧用电项目，地处周庄镇香村祁庄。香村祁庄是江苏省特色田园乡村建设的首批试点，施行以"周庄"命名的零能耗建筑项目，依靠太阳能以及其他可再生能源维持正常的运转需要，为人类、住宅和环境和谐共生寻找最佳的解决方案。打造"未来屋"，旨在展现未来综合能源智能化管理的"全电式"乡村建筑。2020年，江苏首个"零能耗"民宿改建试点项目在祁庄建成投入使用。据测算，全年光伏发电量与日常用电量基本一致，可以基本实现自发自用电的"零能耗"。仅一幢小小的民宿，每年可节约标准煤3.12吨，减排二氧化碳10.21吨，减排二氧化硫0.31吨，减排氮氧化物0.15吨，减排碳粉尘2.79吨，相当于植树造林300棵。

3. "亮村工程"

（1）典型之一，北联村的三个100%

吴江区同里镇北联村属国家级农业现代示范园区。为提高农村居民用电水平，按照国网典型设计方案，在区域内打造了装库村4#、8#、9#、11#、14#等5个标准化示范台区，实现绝缘化率100%，用户末级保护装置安装率100%，电压合格率100%，有效解决了农村电网"三高一低""卡脖子"等问题，全面提升了园区用电水平，有力地保障了区域内的农业生产和居民生活用电。

（2）典型之二，金庭镇衙甪里柯家村路灯建设

吴中区金庭镇衙甪里柯家村集体经济比较薄弱，公用照明设施落后，村民一到晚上出行极为不便，村里农家乐业务也受到很大影响。为此，苏州供电公司采取"一人驻村，全员支撑"的供电帮扶措施，在金庭镇实施"亮灯计划"，一期工程2公里主路和二期工程覆盖5个自然村村内小路的路灯建设，惠及1000多户村民。同时，为衙甪里柯家村建成了一套涵盖"源网荷储"的清洁能源微电网系统。

在村属4幢配套用房的屋顶,共铺设峰值功率15.635千瓦的光伏电池板,将太阳能转化为电能,为日常办公及"一记红"茶研发生产、电动汽车充电桩、码头岸电系统提供电力。同时,援建柯家村56盏节能路灯,通过光伏发电储能供电,方便了百余户村民的夜间出行,每年可节约电费开支近万元。

(三)水通

水是生命之源。实现农村方便用水、安全用水,是缩小城乡差距、推进农村现代化建设的必要条件。

多年来,苏州致力于解决农村供水问题,做到了水系沟通、供水互通,基本实现了城乡自来水普及率、区域供水覆盖率、供水水质合格率和农村管网入户率等4个100%,基本形成了水源保护、原水互备、区域覆盖、清水互通、深度处理、预警防控六位一体的供水安全保障格局,基本实现了城市和农村"六同"(同水源、同水厂、同管网、同水质、同水价、同服务)区域供水。

1. 实施城乡一体的区域供水

到2019年年底,苏州共有集中饮用水水源地13个,其中县级以上水源地13个(长江4个,太湖6个,阳澄湖、傀儡湖、尚湖各1个),全部按照"水量保证、水质达标、管理规范、运行可靠、监控到位、信息共享、应急保障"的要求完成达标建设;全市共有县级以上区域供水厂21座,总供水能力732.5万立方米/日;全市DN75以上供水管道总计3.74万公里(城区供水管道1.24万公里、区域供水管道2.5万公里);同时,各地加大双水源、应急水源和供水互连互通建设力度,提高供水应急保障能力。

2. 提升信息化服务能力

为提升农村供水信息化、精细化管理水平,苏州市从2017年开始实施供水分区计量管理。一是完善供水服务网点。随着城乡供水一体化的推进,为提高农村供水服务水平,供水企业科学划分服务片区,在片区设立供水营业或服务网点,对每个片区营业网点进行单独管理和考核,为分区计量管理奠定基础。二是合理设置分区。以各分区营业所或乡镇供水公司服务范围为一级分区,框架道路、河道、铁路等边界围成的区域为二级分区,独立的集中生活小区(自然村)为三级分区,形成分区分级计量架构。三是完善小区分区计量、监测设施。对于新建生活小区或村庄集中改造区，确保分区计量设施全覆盖；对老旧生活小区或农业自然村增设分区计量设施和水质水压自动化监测系统，为供水管网精准管理调度和漏损控制增效奠定基础。四是同步建立信息管理系统。通过分区计量，逐步建立分区计量大数据分析系统，分析判断漏损范围和漏损构成，实时监测各分区水质水压变化情况，不断提高管理水平。

3. 城乡共同体水利工程

近几年来，苏州市创新机制，完善法制，改变原来行政手段单一推行的做法，用系统治水的理念，按照城乡一体化发展的要求，统筹城乡发展、区域发展、经济社会发展、人与自然和谐发展，大力改善水环境，保护水资源，治理水污染，解决洪涝灾害、水质型缺水、水环境恶化等三大问题，在全市范围内统筹城市农村共治，解决在区域管理上的"城乡分割"问题；统筹洪水、污水同治，破解功能管理上的部门分治难题；在水资源配置上，统筹处理水与社会、经济、生态、环境等要素的关系，注重水资源的"水源—供水—用水—排水—处理—回用水源"的系统循环，提高水资源管理的有效性，解决"水源地不管供水""供水的不管排水""排水的不管治污""治污的不管回用"等问题，从而推进农村水利向城市水利，工程水利向资源水利、环境水利和生态水利的发展，保障城市和农村水环境安全优美，水上和水下水生态系统共生，水利水务一体化管理体制水到渠成、应时而生。

相城区望虞河冶长泾船闸

太仓市浏河水利套闸

（四）网通

网通，指的是加大农村地区信息基础设施建设投入，实现农村地区光纤宽带网络、4G 网络全覆盖，力求做到村村通、户户通，逐步开展 5G 网络规划、建设和应用。

1. 大力实施"光网乡村"工程

2014 年 10 月，苏州市入选国家工信部、发改委联合公布的首批"宽带中国"示范城市，宽带网络规模、户均网速全国领先，光纤覆盖全市所有城区、乡镇和农村。目前已经建成一个约由 30000 个基站组成、用户感知良好的 4G 通信网络，实现了对苏州全区连续的 4G 网络覆盖。

2020 年，苏州作为全国首批 5G 试点城市，积极整合各方资源，组织开展 5G 网络建设、应用试点和产业培育工作，取得了初步成效。截至 2020 年 12 月底，全市已累计建设完成 5G 基站 17780 个，覆盖率达到 60%，5G 建设走在全省前列。

2. 实施"数字乡村"战略

实施数字乡村战略，推进互联网、大数据和人工智能在乡村治理、乡村规划和生态环境建设等领域的应用。统筹建立健全山水林田湖草等生态环境监测网络和耕地质量等农业资源监测网络。在乡村信息化基础设施建设过程中同步规划、同步建设、同步实施网络安全工程。引导外部资源通过信息化延伸到村，运用数字化技术不断提升农村自身发展能力。

3. 产业数字化

构建以数据为关键要素、以现代信息网络为重要载体、以信息通信技术为重要推动力的数字农业，实现乡村产业发展数字化、网络化、智能化，推进乡村产业高质量发展。

建设"制度+研发+生产+加工+科技+品牌"一体化体系，实现"研、产、供、销"数据上云，信息、交易、服务上网，打造主业强、百业兴、宜居宜业的乡村产业发展高地。

在研发、农资、种植/养殖、采/收、加工/包装、物流、营销/品牌等产业全流程使用区块链追溯技术，通过九大模型——综合指数模型、生长模型、土壤模型、生态适宜性评价模型、病虫害监测预警模型、绿色防治模型、产量预估模型、价格预估模型、品牌价值模型保证产业数字化的全流程贯通，辅助领导决策、指导主体生产、助力产业发展、加强生态治理。

持续并加强"5G+物联网"水、气、土壤等数据采集设备的采用，使水肥一体化智能灌溉系统、生物防治病虫害监测系统、可视化视频监控系统、数字化环境监控系统嵌入农作物、农产品等的生产过程，为分析判断和辅助决策提供相关数据和依据。

进一步加强数字化技术与装备在产业生产作业与管控深度融合，加大扶持力度、集中要素培育，在全域选取设施化、标准化、规模化生产基础好的农业基地开展数字技术集成应用示范建设，加快普及作物生长环境感知、实时监测、自动控制的网络化农业环境监测系统，实现精准化、自动化、智能化管理与决策，与上一级农业管理平台互联互通、数据共享、应用协同，充分发挥试点的示范带动作用，推广成熟可复制的应用模式，扩大数字技术应用覆盖面。

通过基于区块链的农产品质量追溯管理、农产品质量检验检测、农产品质量安全信用评价，建立农产品品质保障体系，规避生产风险，进一步提高产业投入品、检验检测、种业质量追溯等方面的监管执法力度，形成农产品质量安全全社会共治的新局面。

推进农产品从田头市场到批发市场、商超、电商平台等农产品市场大数据，强化市场信息监测预警，拓展和提升农产品市场价格日、周、月监测，以及供需形势月度及季度分析。推进订单农业、人人直播等新型经销模式。建立农产品消费画像，分析其用户群体的消费行为特征，为商家提供多维度的产品用户信息。

充分利用互联网技术，提供农业旅游信息，实现线上预订下单，线下农业旅游体验，形成互联网订单农业旅游模式，从而实现线上宣传、线下服务体验的闭环过程，提高数字农旅知名度。

4. 治理数字化

建立乡村治理组织体系，健全乡村治理相关的体制机制，充分发挥乡村八大网格员作用，实施定责、定岗、定员。

通过利用"组织+机制+两码+两通"相结合的方式，帮助基层改变传统管理模式，破解基层治理的痛点、难点，打通生活、生产、文化、娱乐等方面为民服务的"最后一公里"，提升乡村政务工作效率，提高乡村生活质量。

以家庭户作为治理单位，建立数字身份证，以二维码、NFC、RFID等为标识载体，打造"一户一码"平台，构建数字化的基层综合治理应用服务体系、惠民服务数字体系、环境保护数字体系、金融服务数字体系和精准扶贫数字体系，重构城乡民情大数据，创新基层治理运营闭环体系，实现基层治理"五治"融合提升治理效能。

为乡村的所有设施设备建立"数字身份证"，打造"一物一码"平台，将管理员、巡检员、乡村设备三者连接起来，形成一种新型的乡村设备管理模式。

5. 服务数字化

推进"两通"建设。一是"村务通"，利用数字化智能方式，实现政务管理、网格管理、巡检管理等一手采集，快速响应，精准指挥，提高村务处理效率。二是"村情通"，集成政府办事、农事指导、金融保险等方方面面服务内容，真真切切为村民提供便捷服务，提高乡村生活质量。

中国电信与农业农村部联合打造"村村享"服务平台，内容包括智慧党建、应急智慧、便民服务、政务公开、精准扶贫、乡村特色、视频会议等。疫情期间，针对农村疫情防控的特殊性，第一时间以智慧音响方式，将"村村享"平台作为贴合民情应用，打通了农村防疫"最后一公里"。"村村享"将门户部分重要功能模块接入ITV平台，依托中国电信千兆光网为村民提供超高清视频内容服务，村民可随时通过"村村享"客户端收看ITV电视，同时ITV电视上可展现基层党建、政务公开、普法宣传、农技教学、阳光扶贫等相关内容，及时传达政府施政和惠民等相关信息。

苏州市建立苏州市农林牧渔专家系统，应用人工智能技术，依据多个专家提供的知识、经验进行推理与判断，部分替代农业技术人员进行科技帮扶，为农户、涉农企业等提供丰富的农业技术指导，实现农业资讯查询、病虫害在线诊断、农业信息互动交流等功能。

6. 数据治理

结合农村基础信息研究、经济社会发展和战略规划部署等需求，建设10大类数据库。以应用为导向，对不同领域的信息数据加以清洗、整合，形成基于决策分析和领域应用的专题数据库。明确数据维度、确定数据源，建立数据信息采集调度规范，建立长效运营机制。

打造数字乡村一张图，一图感知，科学决策、智慧管理。基于对产业发展、乡村治理各维度数据的整理、挖掘、分析，再通过可视化技术，搭建数字乡村基础地理农情底图，不断采集、沉淀、叠加数字乡村全方位云数据资源，丰富完善农业产业发展专题图、农业资源与农村环境专题图、农村社会治理专题图、农产品品牌营销专题图等，实现农业资源分布、农业生产决策、农村环境监察、农村社会治理深化提升、农产品电商交易"一张图"管理，绘就天、地、空一体化的数字乡村宏图。

7. 光网改造

分类改造：对农村住宅相对聚居的，参照城市小区一级分光方式改造；对长距离散居、密度偏低的，采用二级分光方式改造。通过增加农村ODN光交建设数量，缩短光节点收容距离，减少农村长距离配纤。

农村光网改造，采用直配式免跳纤微型光交、微型分线箱接入用户端的技术，对统一建设的新农村，采用管道到户、一户一管两芯模式。

8. 网络安全

在乡村信息化基础设施建设过程中，严格按照"同步规划、同步建设、同步运行"要求，将"网络安全"实际嵌入网络规划、工程建设、系统维护的全生命周期管理，各阶段中分别明确责任单位、责任人及响应安全职责，由安全责任部门对所有工程的项目可研报告、工程设计文档、项目验收材料等进行全量审计，严格按照网络安全等保定级备案要求开展安全域隔离、安全系统防护、安全风险评估等工作，确保乡村信息化基础设施网络及相关系统的安全稳定运行。

【新闻链接】 **2025年全市乡村5G全覆盖**

2021年5月,苏州市委办公室、市政府办公室出台《苏州市数字乡村建设实施方案》。方案提出,以建设全市域统筹、全周期覆盖的数字乡村框架为统领,突出产业数字化、管理智能化、服务在线化、应用便捷化,重点实施乡村新基建提升行动、智慧农业赋能行动等5项行动,弥合城乡"数字鸿沟",加快形成共建共享、互联互通、各具特色的数字乡村发展模式,打造全国领先的数字乡村苏州模式。

根据方案,苏州市将实施乡村新基建提升行动,提升乡村信息基础设施规划建设水平,加大乡村基础设施数字化改造力度,构建全市数字农业农村大脑。到2025年,实现全市乡村光纤到户全面接入、广播电视全面升级、5G网络全面覆盖,培育若干"5G+智慧乡村"应用示范;建成苏州市农业农村基础数据中心和农业农村云平台。

实施智慧农业赋能行动,推进农业生产数字化应用,推进行业监管数字化应用,推进数字农业技术装备研发,促进新产业新业态数字化发展。到2025年,培育10个智慧农业示范生产场景。农药集中配送率达到95%以上,完成160家庄稼医院的数字化改造,推动建立覆盖系统各农资企业的市级农资数字化配供平台,基本实现农资商品全程可追溯。培育农业新品种20个以上,农业星创天地40家左右,省级农业科技型企业100家,科技支撑乡村振兴示范村5家以上。

实施乡村数字治理提档行动,提升乡村"互联网+党建"覆盖面,提升乡村社会治理精细度,提升乡村生态保护精准度,提升乡村应急管理有效性。到2025年,农村"海棠花红"先锋阵地信息化服务功能全面提档。建成多维交互的生态环境业务分析体系,为城乡生态环境建设规划、城乡环境质量评价、环境污染治理等提供重要的依据和决策支持。

实施信息技术惠民便民行动,强化农村科技信息服务,强化乡村公共法律服务,强化乡村在线政务服务,强化新农民新技术教育培训。建立农业科技成果交易平台。打造"集成+特色"的"智慧农村"示范点。到2025年,全面建成"12348法网+融合法律服务平台";村(社区)全面落实"全科社工"服务模式覆盖率达到100%;实现热门证照在基层"互联网+政务服务"平台办理免提交;培育新型职业农民超5000人。

实施城乡数字融合行动,推动乡村全域数据互联互通,推进公共服务数字化延伸,推进乡村数字文化建设。加快公共服务数字化转型,基本实现农村办事不出村。到2025年,建成数字乡村总入口;基本完成全市域自然资源监测网络建设,监测视频点达到1200个。

二、基本公共服务更多地向农村延伸

基本公共服务滞后,是农村现代化建设的又一块短板。实现城乡公共服务均等化,是提升农村现代化水平的重要内容。苏州从农村居民群众最关心、最直接、最现实的利益问题入手,切实加强农村公共服务体系建设,缩小城乡之间基本公共服务差距,推进基本公共服务均等化。到2020年,学有所教、劳有所得、病有所医、老有所养、住有所居的保障体系基本建立,覆盖全市城乡居民的基本公共服务体系比较健全,街道、乡镇和城乡社区基本公共服务设施标准化水平明显提高。实现基本公共服务常住人口全覆盖,使人民群众享有更好的教育、更稳定的工作、更满意的收入、更可靠的社会保障、更高水平的医疗卫生服务、更丰富的文体活动、更宜居的生活环境。

苏州基本公共服务实绩单

全国首个义务教育发展基本均衡的地级市。
2020年度国家基本公共卫生服务项目绩效全省第一。
首批10个国家公共文化服务标准化试点之一。
"数字文化生活体验馆"入选文化部创新项目。
文旅公共服务功能融合国家级试点3家(江苏共5家)。
群众文艺创作"江苏第一 全国领先"。
2020年国家综合型信息消费示范市(唯一地级市)。
吴中区获全国第三批智慧健康养老示范基地。

> 村（社区）标准化设施建设全覆盖。
> "15分钟健康服务圈"基本全覆盖。
> 农村"十里文化圈"和"10分钟文化生活圈"基本全覆盖。
> "10分钟体育休闲生活圈"基本全覆盖。
> 全市行政村（涉农社区）村均社区公共服务中心建筑面积达3000平方米以上。

苏州为实现公共服务城乡均衡，工作着眼点、着力点可归结为三个方面六个字。

（一）倾斜

主要体现为各级政府的财政倾斜和政策倾斜。鼓励投入向农村倾斜，优先考虑农村，优先用于农村的教育、医卫、文体、养老等民生事业的发展。

多年来，财政投入向农村倾斜已成为苏州市县（市）、区每年财政支出预算的一个基调。"十三五"期间，苏州全市财政支农投入累计达544亿元，极大改善了农村公共服务的条件和水平。

比如在教育方面，强化投入保障，建立健全城乡统一、重在农村的义务教育经费保障机制。2019年，苏州市一般公共预算教育支出为341.98亿元，较上

新建的太仓市浮桥中学

年增长10.7%。生均一般公共预算教育支出24564元，较上年增长4.86%。农村小学、初中生均公用经费财政拨款标准均高于省定标准。2019年投入使用小学18所，增加学位2.37万个；投入使用初中15所，增加学位2.44万个。2020年秋季投入使用小学21所，增加学位约2.87万个；投入使用初中21所，增加学位约2.18万个。

"十三五"以来，各级财政对养老事业投入资金累计达近31亿元（含福彩公益金近4亿元）。

苏州在政策倾斜方面，重在精准，力求实施的政策能收到打通节点和"四两拨千斤"的效果。

1. 扶持集体经济薄弱村

基本公共服务是农村现代化建设的短板，而一批农村集体经济薄弱者便是短中之短。扶持集体经济薄弱村就成了重点。2018—2020年，苏州市级财政每年投入1亿元，带动各级财政及社会资金投入超14亿元，重点支持100个集体经济薄弱村，力补这块短板。推进"苏扶保"保险项目，市级财政落实1500万元，为100个薄弱村的32万村民提供有效健康保障，减轻集体经济发展负担。发挥生态补偿政策的调节平衡功能。2010—2020年，全市生态补偿投入累计达101.7亿元。进一步放宽生态补偿资金使用用途，明确在落实好生态保护责任的前提下，生态补偿资金可作为村级可用财力，从而改善了农村基层组织财力情况及公共服务能力。推进农村金融产品发展。通过市级财政出资设立的8亿元母基金，做强做优乡村振兴产业引导基金，引导撬动金融资本、社会力量投向农业农村。截至2020年年底，累计为全市乡镇街道的现代农业、特色田园、美丽乡村、农旅融合、环境提升等多个项目提供融资规模超124亿元。

2. 提供农业农村改革经费保障

苏州市作为农村集体资产股份权能改革（国家级）试点地区，于2015年5月成立苏州农村产权交易中心，率先启动了农村产权交易市场体系的建设。6年来，市级财政累计投入5600万元，用于支持市级平台运营、系统开发和软硬件配套，以及补助县（市）分中心、镇（街）服务中心的开办运营经费。从2016年11月系统上线至2020年年底，全市农村产权交易进入平台成交128563笔，成交金额达163.26亿元。加强集体"三资"监管。推进全市农村集体资产清产核资工作，2018年市级财政安排推进经费850万元，支持各县（市）、区更准确地掌握农村集体"三资"存量、结构、分布和运用效益等情况；支持农业农村部门农村集体"三资"监管平台建设，2017年至今市级财政累计投入214万元，用于平台的相关升级运维，促进了全市农村集体财务规范化管理水平提升；推进"阳光惠农"监管平台建设，2019年至今累计投入150万元，支持市农业农村局完善"阳光惠农"监管机制，做好相关系统的常态化、长效化运行工作，实现涉农资金的全面监管。

3. 推进跨部门涉农资金统筹整合

为加强农村人才培育，将原属组织、农业、人社、文广等部门的培养资助奖励、考核优秀奖励、继续教育奖励、专项补贴奖励等人才类经费近7000万元，分年度统一列入农业农村部门预算，重点用于培养乡村治理、农业专业、能工巧匠、文化传承等方面的市级优秀乡土人才，助力乡村振兴。

4. 加大专项奖补力度

为加快高标准农田建设，2018年，根据苏州市委、市政府《苏州市实施乡村振兴战略三年行动计划（2018—2020年）》所确定的全市新增高标准农田建设任务，结合苏州市农委、苏州市财政局《关于改革调整支农资金投入的意见》（苏市农计〔2017〕19号）文件精神，苏州市专门设立"高标准农田建设奖补资金"，按市辖区400元/亩、各县级市250元/亩的奖补标准，对当年新增的7.37万亩高标准农田下达市级高标准农田建设引导资金2310万元。2018—2020年3年中市级共下达高标准农田建设引导资金11182万元。为农业生产拉起风险"防护网"，自2006年起，苏州市在全省率先推出政策性农业保险，政策性农业保险的保费大部分由财政补贴，农户自己承担的保费仅占总保费的10%至30%。从起初推出首个"水稻种植"保险发展到如今的39个险种，15年来，苏州政策性农业保险累计出险赔付5.66亿元，受益农户57.11万户次。2020年，全市财政补贴的险种风险保障总额达到50.17亿元，共有32650户参保，保费收入总额9740万元，其中8377万元保费由中央、省、市、县级财政补贴。

自2017年以来，对于全市城乡河道养护管理，政府划拨管理经费，并对重点河湖管护给予专项奖补；对全市农村生活垃圾分类处置，政府投入配套设施，并设专项奖补；全市各级财政对美丽镇村建设、特色田园乡村建设都有扶持资金并设专项奖补，市级财政共投入资金4.7亿元。"十三五"期间，全市美丽城镇建设累计实施各类项目5832个，总投资720.7亿元。市级财政用于重点河湖管护、农村垃圾分类处置工作的经费分别为5760万元、1500万元，形成了城乡联动、各方配合的良好局面。

吴江区横扇街道新湖村的河道建设

为充实农村基层卫生人才队伍，苏州市采用"定点招生、定向培养、协议就业"方式，近年来共签订农村定向培养本科生348名、大专生395名。经定点学校正式录取并签订定向就业协议书的学生，毕业后按照定向就业协议书规定到乡镇或村医疗卫生机构工作，在校期间学费由各级财政统一安排。随着定向培养生的不断充实，配合多途径的人才招录，农村卫生人才队伍更加正规与稳定。苏州市政府办公室专门出台《关于改革完善全科医生培养与使用激励机制的实施意见》，全力推进全科医生培养，鼓励在校医学生毕业后到基层医疗机构从事全科医生工作，并分期给予学费补助、优先安排编制等政策支持；扩大全科规范化培训社会化招录学员的力度，财政按每人每年3万元补助。全市通过全科医生规范化培训（5+3）的学员已有1185名，位列全省前列。

为丰富活跃农村的文化生活，苏州市文化广电局2015年出台《苏州市优秀群众文艺作品创作扶持办法（试行）》，在全国范围内率先通过政府购买、财政补贴的形式扶持原创群文作品。至2020年年底，共立项扶持253个优秀群文作品，扶持经费总计501.3万元，撬动县（区）投入经费2000多万元。2016年，创新设立群众文艺市级政府奖——"繁星奖"，与全国、江苏省群众文艺政府最高奖"群星奖""五星工程奖"接轨，至今已成功举办3届，共有上千个作品、项目参与。相关部门通过建立健全群众文艺创作引导激励机制，极大激发了广大群文工作者和群文爱好者的创作热情,涌现出一批有温度、有人气、高质量、接地气的优秀原创群文作品,奠定了苏州群众文艺创作生产"江苏第一、全国领先"的地位。

(二) 下沉

教育、医卫、文体、养老等方面的资源、设施、人才、活动下沉到农村。

1. 教育方面

落实乡村教师生活补助政策,建强乡村教师队伍。苏州市积极贯彻落实江苏省人社厅、江苏省教育厅关于乡村教师职称评审的政策,加大师德素养、学生教育工作在职称评审中的权重;乡村教师教学工作要求中的公开课不分层级、不分校内外,同等对待;乡村教师教科研工作要求中对发表的论文只作为参考条件,不作硬性要求;乡村教师满30年教龄,符合一定条件,即可直接认定中级教师职称;取消乡村教师职称外语、计算机应用能力要求。在省特级教师评审中,对特别优秀的乡村教师,表彰层次、论文数量可适当放宽要求;乡村中小学、幼儿园推荐人选不得低于同学段推荐人选的10%。对45周岁以下的市区义务教育阶段骨干教师,要求在评上新一层次骨干教师称号5年内须到乡村学校工作或交流至少满1年,并在乡村学校指导青年教师;没有乡村工作经历的骨干教师,将自动取消复评资格。张家港市对长期扎根乡村、综合表现优秀、校内教育教学业绩好的教师,给予优先获评骨干教师的政策激励。常熟市实行对市级及以上骨干教师进行奖励的政策,同一级别的乡村学校骨干教师奖励标准高于城区学校。

2. 医卫方面

合理规划乡村卫生机构布局设置,加快乡村卫生机构提档升级,推进"15分钟健康服务圈"建设,加快城乡基层卫生服务机构和村(社区)综合性文化服务中心标准化建设。强化农村基本公共卫生服务,加强慢性病综合防控,推进农村地区精神卫生、职业病和重大传染病防治。

(1) 全面落实健康乡村行动

落实《基本医疗卫生与健康促进法》,推进健康村镇、健康社区建设,将其纳入对镇(街道)的绩效考核体系。落实《基本医疗卫生与健康促进法》,大力推进健康村镇、健康社区建设，截至 2020 年年底，累计建成江苏省健康镇 32 个，健康村 154 个，健康社区 181 个。

（2）补足农村卫生体系短板

① 加强农村基层医疗卫生机构建设

按照《苏州市卫生与健康服务提升三年行动计划（2018—2020 年）》和《苏州市医疗卫生资源补缺补短"123"方案》要求，高标准新建、改扩建社区卫生服务中心（乡镇卫生院）53 家，加速筹划和推进农村卫生资源的补缺补短，加速推动各地基层医疗卫生机构的升级改造，并连续 3 年列入政府实事项目。各市、区提升紧迫性，积极行动，协调相关部门，督促相关街道、乡镇全力推进建设项目的落地落实，用更短的时间、更快的速度、更高的质量加快推进项目建设。

② 完善农村地区妇幼保健体系

综合运用"两纲""两规"、"十三五"评估、高质量发展考核推动 50 万以上常住人口县（市、区）"所转院"建设，昆山市妇幼保健院、常熟市妇幼保健院建成投用，吴江区妇幼保健院挂牌，张家港市明确选址及建成时间。完成全市 12 家市级基层妇幼健康规范化门诊评估工作。截至"十三五"期末，全市 86 个建制镇（街道）已建成 6 家省级、60 家市级示范基层医疗卫生机构妇幼健康规范化门诊，建成率为 69.8%。

（3）提高农村医疗卫生服务能力

① 加快推进农村区域性医疗卫生中心建设

在重点（中心）乡镇分片合理布局设置区域性医疗卫生中心，达到二级医院医疗服务能力的基层医疗卫生机构优先设置，带动区域内其他基层医疗卫生服务机构协作运行、共同发展。目前已建成 2 家农村区域性医疗卫生中心，还有 4 家单位申报农村区域性医疗卫生中心建设。

② 开展基层医疗机构特色科室建设

推动基层医疗卫生机构利用多年形成的专科特色开展特色科室创建工作，坚持合理功能定位，把握特色科室建设方向，重点向常见病、多发病、慢性病、老年病领域倾斜，不少乡镇卫生院已能开展二级或部分三级手术，对常见病、多发病的诊疗能力不断增强，基层机构的影响力和社会地位进一步提升。目前全市共建成省级特色科室 25 家，市级特色科室 91 家。

③ 全面落实"健康苏州 2030"规划

实施健康苏州"531"行动计划，推动基层医疗卫生服务机构向市民健康管理综合服务平台转型。推动红十字公益性应急救护培训进农村,加强农村应急救护志愿服务站点建设。支持组建家庭医生服务团队,持续推广家庭医生签约制度,建立专业人员在基层定期服务激励机制、基层医务人员定期到核心医院培训进修机制,鼓励优秀医务人员向农村基层流动。通过招引一批、培养一批、下沉一批、提升一批等措施,遴选农村基层卫生骨干人才,实施基层卫生人才"百千万"提升计划,健全基层医疗卫生机构保障制度。

3. 文化方面

优化城乡文化设施布局,完善农村公共文化服务网点,打造农村"十里文化圈",2020年农村综合性文化服务中心标准化建设实现全覆盖。

(1) 加强设施建设

打造城乡"10分钟文化生活圈",推动公共文化设施布局从"全设置"走向"全覆盖"。推进村(社区)综合性文化服务中心标准化建设,创新提出"8+X"建设模式,全市完成2021个村(社区)综合性文化服务中心标准化建设,实现全覆盖。率先出台《苏州市村(社区)综合性文化服务中心评估定级实施办法》及考评标准,创新开展基层文化中心星级评定,共评出五星级中心50个、四星级中心100个,三星级中心228个。全市建有各类博物馆、美术馆151家。公共图书馆总分馆服务体系进一步完善,分馆总数达到831家,24小时图书馆92个,网上借阅社区投递服务点203个。全市人均公共文化设施面积达0.42平方米。

(2) 提高服务供给

深入开展"苏州阅读节""苏州市少儿艺术节""苏州市群众文化'繁星奖'活动"等系列群文品牌活动。依托"我们的节日""天天有"、市直舞台艺术"四进工程·社区行"和"各广场主题活动"等4大系列品牌的文化惠民工程,年均开展各类惠民展演展示活动7万多场次,为基层、农村送书超过25万册,惠及农村及社区群众1000万人次以上。苏州图书馆针对外来务工人员子女开展的"小候鸟"服务荣获美国图书馆协会主席国际创新奖,这是省内首次获得此项荣誉。调动全市公共文化资源,开展苏州市"五个一百"群众文化评选。截至2020年年底,全市共拥有群众业余文艺团队2298支,文化志愿服务团队200余支,文化志愿者人数达到2万余人,其中常年参加文化志愿服务人数超过1.5万人,年服务场次1.2万余次,受服务对象300万人次以上。

（3）加强融合发展

按照"能融则融、宜融尽融"的原则，以构建新型智慧文旅服务，打造品质化、高颜值的新型公共服务空间为出发点，推进文化和旅游公共服务空间、设施、内容深度融合，推动资源共享和整体效能提升，更好地为群众提供高品质的文化和旅游公共服务。苏州工业园区公共文化中心、相城区阳澄湖游客集散中心、张家港市南丰镇永联社区综合服务中心等3家单位成功入选文化和旅游公共服务机构功能融合国家级试点（江苏共5家）。开通运营"苏州好行"，满足来苏游客的"快行慢游"需求。打造"苏州好行"美食专线，集美食、美景、美好生活于一体的"古城新城双面绣"专列，让游客在短短100分钟的旅程中，领略江南名城古韵今风，品鉴苏式食材匠心；结合苏州第二图书馆开馆、苏州博物馆的文旅融合，开通了"书香文旅""流动的博物馆"等专线，增强市民、游客对苏州文化的感知度。

吴江区震泽镇齐心村第一届村民歌舞比赛

4. 体育方面

近年来，苏州以创建全民运动健身模范市为目标，加快推进健康苏州和国际体育文化名城建设，围绕"六边"工程，大力推动公共体育均等化、城乡一体化发展。市、县级市（区）均获得了省级"公共体育服务体系示范区"命名，全市人均公共体育场地面积超过4.4平方米，各类健身公园100个以上，健身步道2800公里以上，国民体质合格率达96%以上，经常参加健身的人口占总人口的42.5%。

　　落实"三下乡"服务要求,推动城乡"10分钟体育休闲生活圈"建设,不断完善和提升农村体育设施覆盖率。持续推进"美丽乡村健步走"活动,每年安排1~2个古镇作为活动主会场。围绕农民丰收节,持续办好"千村万人"农民乒乓球、篮球赛事,开展丰富多彩的农民体育赛事活动。

太仓市浏河镇体育健身中心

常熟市尚湖镇新鑫村体育乐园

5. 养老方面

"十三五"期间,苏州市从老龄化程度逐年提升的实际出发,不断加大城乡社会养老保障体系建设力度。

(1) 制定出台有关养老服务政策性文件

先后制定出台了有关养老服务业发展引导基金管理、区域性养老服务中心建设、规范养老服务市场、养老机构改革、居家养老服务、养老从业队伍等的政策性文件,从政府组织领导、做强机构养老、做实居家养老、做优社区养老、强化规范管理、扩大普惠群体、提升护理院的医疗护理质量、加强退休人员社会化管理工作考核评价等方面多方着手、多措并举,基本涵盖养老服务各环节、各领域。

(2) 积极开展养老服务标准化建设

2019年,苏州市承担编制《养老机构基本服务质量安全规范》国家强制标准。2017年,姑苏区居家乐养老服务中心获评国家级服务业标准化试点单位。2020年,吴江区承接全国"老有所养"基本公共服务标准化试点。在居家社区养老方面,2020年,太仓市在全省县级层面率先出台《养老服务工作标准》。一系列标准化建设,为实现城乡全面、精准的养老服务明确了基本遵循。

(3) 推动城市优质养老服务向农村辐射

2018年,苏州市政府出台《关于苏州市区域性养老服务中心建设的实施意见》(苏府〔2018〕67号),要求全市所有镇(街道)敬老院进行升级改造,建成床位在150张以上、设施及功能较为齐全的敬老院。至2020年年底,全市已基本建成40家这类规格的养老院,43个镇(街道)已经启动辖区内区域性养老服务中心建设工作,占镇(街道)总数的89.2%,初步形成了全护理、半护理、生活能自理的养老方式并存,初级、中档、高档养老机构健全的发展格局。2019年,吴中区获评全国第三批智慧健康养老示范基地,吴中区木渎镇、光福镇、临湖镇、高新区获评智慧健康养老示范镇(街道),占全省入围数量的三分之二。

张家港市锦丰镇建设村居家养老服务中心

盛泽镇居家养老服务中心

吴江区盛泽镇居家养老服务中心是集日间照料、居家养老服务、老年人文化娱乐等多种功能于一体的综合性养老服务中心，设有棋牌室、休息室、图书室、书画室、茶室、电子阅览室、健身室、心理疏导室、理发室、音乐室、舞蹈室等，为老年人提供"白天入托接受照顾和参与活动，晚上回家享受家庭生活"的居家养老服务新模式。

（三）共享

搭建平台，打通渠道，增加纽带，公共服务资源城乡共享。

1. 教育方面

探索名校集团化办学在农村的实现形式，均衡城乡学校办学水平。目前苏州全市基础教育阶段共有教育集团215个，其中幼儿园集团71个，小学集团80个，初中集团36个，高中集团5个，跨学段集团23个，集团成员学校859所，覆盖在校学生约91.54万人。涉农区域张家港、常熟、太仓、吴江、吴中已实现义务教育阶段学校集团化办学全覆盖。近年来，各市、区通过开放式的研究与实践，根据区域和学校实际情况，试点并优化基于统一法人的紧密模式与不同法人的协作模式，促成各市区城乡一体型、一体多区型、委托管理型、学校联盟型、强强共创型等多元化、集团化办学模式的形成，实现了管理共建、师资共配、研训共联、文化共育、资源共享、质量共升、发展共赢，全面扩大优质教育资源覆盖，逐步缩小区域、城乡、校际差距。如太仓市开展城乡学校一体化管理，通过建设管理决策中心、教师发展中心、质量监控中心、课程研发中心、资源配置中心等5个中心，全面推进五大要素的集团内融合，逐步实现文化建设一体化、管理团队一体化、教师发展一体化、日常研修一体化、学术引领一体化。

2. 医卫方面

按照城乡统筹，促进均等的原则，统筹建设城乡公共卫生、医疗服务、医疗保障和药品供应保障体系，实现城乡医疗卫生资源均衡配置，消除城乡医疗卫生服务差别。做好重点人群签约服务，推进重点人群基层首诊签约服务，以老年人、慢性病人、残疾人等人群为重点对象，做实签约服务，进一步优化完善基层医疗卫生服务价格体系，大力推动开展家庭医生上门服务。将肿瘤、骨质疏松、慢阻肺、儿童哮喘等常见疾病纳入签约服务重点范围。积极引导签约居民实行社区首诊、双向转诊工作，在对签约家庭的健康进行全过程维护，为签约对象提供安全、方便、有效、连续、经济的基本医疗服务和基本公共卫生服务的同时，全面落实居民的个体健康管理，促进和引导群众合理使用医疗资源，让家庭医生真正成为居民的首诊医生。如需转诊，由家庭医生根据患者病情联系上级医院，提供一系列转诊服务，有效承担医保控费和市民健康"双守门"职责。

太仓市科教新城社区卫生服务中心医生到居民家中开展健康服务

3. 文化方面

按照"三贴近"原则,积极开展文化下基层系列活动,努力提升公共文化服务效能,不断开拓文化惠民服务新局面。打造文化惠民品牌,广泛开展社区文化、村镇文化、家庭文化等群众性文化活动,鼓励城市文艺团体和文艺工作者定期送文化下乡,每年全市送戏下乡超万余场次。

太仓市城厢镇2020年"迎重阳"文艺演出

第二卷　力补乡村短板

二、基本公共服务更多地向农村延伸

2020年昆山市第五届"巴城杯"长三角民歌邀请赛现场

"家园区　享幸福"2018年苏州工业园区广场公益活动暨
"文惠斜塘·斜塘'文化+'"特色品牌项目启动现场

苏州工业园区斜塘街道"文化+"特色品牌项目以居民文化需求为切入点,以文艺活动为平台,通过评弹、童谣、舞蹈等形式综合展现,注重弘扬优秀传统和本土文化,倡导现代文明理念,培育健康生活方式,共享文化繁荣成果。

★苏州市农民体育协会

一、加强文化体育服务设施建设

各行政村全面建成体育活动室、多功能运动场、健身小公园以及健身步道等。

启动省、市两级美丽乡村健身公园建设。自2017年江苏省启动"最美乡村健身公园"年度榜活动以来，截至2020年底全省已评选"江苏省最美乡村健身公园"104家，苏州市有15家入选，数量在全省领先，充分彰显了农、文、旅、体融合发展的成果。2020年9月，苏州市农民体育协会联合苏州市体育总会首次组织评选了15家"2020苏州美丽乡村健身公园"，其中评定镇级公园5家，即相城区望亭镇望亭运河公园（一等奖），太仓市浮桥镇七浦塘生态公园和吴江区震泽镇生态运动公园（二等奖），吴江区同里镇健康主题公园和相城区黄埭镇文体公园（三等奖）；评定村级公园10家，即张家港市南丰镇建农村和美主题公园、太仓市璜泾镇杨漕村红色健身公园（一等奖），太仓市璜泾镇孟河村吴家湾健身公园、吴江区黎里镇港南村陈家浜乐龄公园、吴中区城南街道东湖社区党建文化园（二等奖），太仓市浮桥镇牌楼社区文明苑健身公园、太仓市双凤镇新卫村村民健身公园、太仓市沙溪镇半泾村半泾新村健身公园、吴江区震泽镇蠡泽村蠡泽湖文体公园、吴江区桃源镇九里桥村横港综合健身公园（三等奖）。

2020年首次授牌5家单位为"苏州市农民体育基地"。根据江苏省第九届农民运动会和苏州市第十五届运动会（农民组）的参赛情况，苏州市农民体育协会授牌5个单位为"苏州市农民体育基地"，即农民广场舞基地（太仓市城厢镇），农民健身秧歌基地（吴中区横泾街道），农民拔河基地（相城区太平街道沈桥村），农民健身腰鼓基地（相城区太平街道沈桥村），农民舞龙基地（相城区太平街道黎明村）。

二、丰富农民体育赛事

江苏省第九届农民运动会苏州代表团取得历史最好成绩。四年一届的江苏省农民运动会吸引了13个设区市1500多名运动健儿参赛。苏州市代表团派出112名运动员，分别参加了全部20个比赛项目，赛出了风格，赛出了水平，刷新了历史成绩，列团体总分第三名，并荣获优秀组织一等奖、开幕式入场表演金奖和体育道德风尚奖，获得了4金、4银、6铜共14块奖牌的好成绩。同时，广场舞比赛获团体三等奖、体育道德风尚奖，健身秧歌比赛获团体三等奖，象棋比赛获团体第四名，定点投篮比赛获体育道德风尚奖，乒乓球比赛获体育道德风尚奖，拔河比赛获第三名，舞龙比赛获团体二等奖、体育道德风尚奖，健身腰鼓比赛获团体二等奖、自选套路第三名、规定套路第六名，农民体育特色项目比赛获团体总分第二、男子团体第四、女子团体第二。

苏州市第十五届运动会（农民组）赛事成功举办。"苏州农商银行"杯苏州市第十五届运动会（农民组）立足农业农村特色项目，将农技与趣味融入比赛，体现农事、农时、农季，彰显农耕、农趣、农味。2020年8月8日，（农民组）掼蛋比赛在吴江区同里镇举办，来自全市8支代表队的72组144名运动员参赛。9月15日，（农民组）广场健身舞比赛在张家港市举办，来自全市7支代表队的100余名运动员参赛。9月26日，（农民组）田径运动会在相城区举办，来自全市8支代表队的300多名运动员参赛。11月1日—2日，（农民组）篮球、乒乓球比赛暨第十四届"千村万人幸福乡村"篮球、乒乓球总决赛在昆山市举办，来自全市7支代表队的350多名运动员参赛。

2017年苏州市第十一届"千村万人·幸福乡村"篮球总决赛

2021年苏州市第十五届"千村万人·幸福乡村"乒乓球比赛

2018年苏州市"农行杯"美丽乡村健康行活动

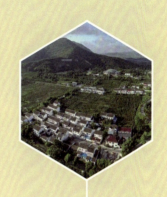

第三卷
彰显乡村特有功能

> 乡村是具有自然、社会、经济特征的地域综合体，兼具生产、生活、生态，文化等多重功能，与城镇互促互进、共生共存，共同构成人类活动的主要空间。
>
> ——中共中央国务院《乡村振兴战略规划（2018—2022年）》

> 城市和乡村都有不同的功能，这种不同的功能对于一个国家的发展来说都是必不可少的功能。
>
> ——陈锡文[1]

---

[1] 陈锡文，第十三届全国人民代表大会农业与农村委员会主任委员。

所谓乡村特有功能，就在于这种功能是城市所没有的，而且这种功能又是在国家现代化进程中不可或缺的。彰显乡村功能的深远价值在于守护和传承国家与民族生存发展的根脉，夯实国家和民族发展的根基。有效彰显、充分发挥乡村特有功能，对一个地方的来说，是实现农村现代化的必由之路。

随着经济社会的发展和时代的变迁，苏州对乡村特有功能及其重要性的认识越来越深刻，保护、修复、重塑、再造乡村特有功能的行动日益自觉，在一如既往地高度重视发挥和挖掘乡村特有的食物生产功能的同时，千方百计发挥乡村在生态、文化、体验和旅游休闲等方面的特有功能。

一、彰显生态功能

生态功能是乡村最有别于城市的特有功能。

对乡村生态功能的认识，苏州经历了一个曲折的过程。在经济快速发展、城镇化大步推进的过程中，曾经历了一个忽视、无视甚至破坏生态的阶段，如开山采石，湖泊高密度围网养殖，工业废水、生活污水无序排放，填河造田、围湖造田，等等。

苏州对于生态的觉醒，一方面缘于大自然的惩罚，另一方面缘于民众的呼唤。

党的十八大以后，贯彻实施新发展理念，"绿水青山就是金山银山"，彰显乡村的生态功能，愈来愈成为全市上下的共识。

（一）治水

水是苏州的灵魂，水又是苏州的象征。苏州美，主要美在水；苏州污，突出污在水。把水治理好，是彰显生态功能之首要。

苏州治水，坚持问题导向、系统治理，按照"一根轴、一盘棋、一条线、一张网"要求，抓攻坚、补短板、强监管；实行专业化管理，市场化运作，信息化提升；实行区域合治，城乡共治，水陆同治，合力谱写水安全保障、水资源保护、水生态修复、水环境改善、水文化传承等5篇文章；坚持一锤一锤钉钉子，一件一件抓落实。

"一根轴"：即网（污水管网）、厂（污水厂）、湿（尾水排放湿地）设施一根轴。

"一盘棋":即水(污水)、气(尾气)、泥(污泥)治理一盘棋。

"一条线":即源头控制、过程管理、末端治理一条线。

"一张网":即市、县、镇、村一张网。

> **苏州治水成绩单**
>
> 2017年,苏州被国家住房和城乡建设部列为"全国村庄生活污水治理示范区"。
>
> 建成全国"最美家乡河"21条。
>
> 至2020年年底,全市农村生活污水治理率达到93%。
>
> 落实禁渔令,实现渔船退出、渔民退出、社保安置、就业安置等4个100%。
>
> 国省考断面水质优Ⅲ比例从2016年的64%提升到2020年的92%。
>
> 地表水水功能区水质达标率由"十二五"末的67.5%提高到2020年的100%。

1. 生态友好型渔业

(1)太湖围网拆除

依据《中华人民共和国渔业法》《太湖流域管理条例》和《江苏省渔业管理条例》,苏州市人民政府和江苏省海洋与渔业局于2018年4月13日共同发布了《关于太湖围网拆除的通告》(苏府通〔2018〕13号),决定拆除太湖苏州市行政区域内水域围网,收回养殖使用权。

苏州市及有关县(市)、区均及时成立了太湖围网拆除工作领导小组,召开专门会议,组建专门工作班子,摸清养殖户基本信息:太湖围网拆除的对象涉及养殖户2809名,养殖证3005张,养殖面积44981亩,养殖看棚953只,看管船1253只,生产船6841只,增氧设备368套。建档立卡,"一档一证"。依法依规制定出台《太湖围网拆除工作实施方案》《关于太湖围网拆除的通告》《关于太湖围网拆除补偿方案的公告》。市、区政府通过报纸、电视、网络、手机App等主流媒体,多角度、多维度、多层次宣传补偿政策,引起全社会的共同关注,营造氛围。

围网拆除工作,严格按照"不留一片网、不剩一根桩、不留一堆垃圾"的总体要求进行。围网养殖户逐证逐户审核认定，登记评估，核定补偿费用进行公示。按照规定统一签订补偿协议，移交养殖设施，全力做好围网设施设备、生产生活船只统一拆除和无害化处理工作。

以往的太湖水域围网养殖

(2) 阳澄湖综合整治和养殖治理

阳澄湖总面积为17.8万亩，自然分为东湖、中湖、西湖三部分，其中东湖面积7.7万亩，中湖面积5.2万亩，西湖面积4.9万亩。区域主要涉及昆山市、相城区、苏州工业园区和常熟市。

为保护好阳澄湖水源水质和渔业生态环境，苏州因势利导，先后迈出了四大步：第一步，苏州市政府于2001年年底对阳澄湖渔业实行了市统一管理体制。第二步，分别于2002年、2007年和2016年对湖区网围养殖面积进行了大规模压缩，从14.2万亩压缩至3.2万亩、1.6万亩。第三步，2016年初，苏州市出台《苏州市阳澄湖生态优化行动实施方案》，阳澄湖被明确定位为饮用水源地，按饮用水源地标准，2017—2019年用3年时间实施综合整治工程，共分调水引流、水系整治、生态保护、监测设施等四类、22个分项工程，总投资达27.0713亿元。第四步，从2020年3月18日开始，苏州明确禁止在阳澄湖1.6万亩围网养殖区内使用冰鲜鱼和畜禽动物内脏投喂，引导并指导养殖户科学确定养殖密度，合理种植水草、增加螺蛳投放，减少外源性饵料投入，保护养殖水体生态环境。

(3) 实施长江流域重点水域禁捕退捕

实施长江流域重点水域禁捕退捕，是以习近平同志为核心的党中央从中华民族长远利益出发做出的重大决策，是共抓长江大保护、推进长江经济带绿色发展的关键举措。

2019年1月,农业农村部、财政部、人力资源社会保障部联合印发《长江流域重点水域禁捕和建立补偿制度实施方案》,在长江干流和重要支流等重点水域逐步实行合理期限内禁捕的禁渔期制度,2020年年底以前实现长江流域重点水域常年禁捕。根据该方案,2019年年底以前,完成水生生物保护区渔民退捕,率先实行全面禁捕,今后水生生物保护区全面禁止生产性捕捞;2020年年底以前,完成长江干流和重要支流除保护区以外水域的渔民退捕,暂定实行10年禁捕,禁捕期结束后,在科学评估水生生物资源和水域生态环境状况以及经济社会发展需要的基础上,另行制定水生生物资源保护管理政策。

按照国家和省部署要求,苏州市退捕范围为:长江干流苏州段、国家级水产种质资源保护区及所涉湖泊其他水域。

长江干流苏州段岸线长约179.7公里,涉及苏州市张家港、常熟、太仓等3个县级市。6个保护区分别位于市管湖泊阳澄湖、昆山市的淀山湖、吴江区的长漾湖,以及省管湖泊太湖水域内3个保护区。

苏州市学习贯彻习近平总书记重要指示批示精神,全面落实党中央、国务院和省委、省政府决策部署,强化组织领导,落实财政资金10.44亿元,精准退捕部署,周密安置保障,严格执法监管,发扬连续作战、集中攻坚精神,如期完成全市长江流域渔船渔民退捕和安置保障工作任务。

退捕和安置保障工作实现了4个"百分之百",渔船退出百分之百、渔民退出百分之百、社保安置百分之百、就业安置百分之百,实现了无捕捞渔船、无捕捞网具、无捕捞渔民、无捕捞生产和清船、清网、清江、清湖的"四无""四清"工作目标。同时,执法监管、宣传引导等工作有力有序展开,实施全流域、全天候、全链条打击,非法捕捞得到有效遏制,禁渔秩序稳中向好。

(4) 发展绿色渔业

2007年,苏州在江苏省内率先启动实施了现代渔业产业园区建设工程,推进渔业资源向产业园区集中,向养殖能手、大户、合作社和企业流转,发展规模化绿色渔业。全市已先后建立相城区阳澄湖现代渔业产业园、吴中现代渔业示范园区、常熟现代渔业产业园区、昆山阳澄湖现代渔业产业园区等一批国家级、省级渔业园区,为全省乃至全国现代渔业产业园区建设提供了示范和借鉴。

围绕渔业高质量发展,统筹推进水生态环境治理和渔业转型升级,2018年6月苏州市政府出台《苏州市养殖池塘标准化改造实施意见》,提出到2020年,对全市16.11万亩养殖池塘进行标准化改造,落实养殖尾水达标排放或循环利用。太湖沿岸3公里范围内，2017年原有养殖池塘面积7.78万亩，按照"能改则改、不改则退"的原则，具备改造条件的养殖池塘全面改造，不具备改造条件的养殖池塘全部清退，2019年全面完成整治任务，其中完成高标准池塘改造2.84万亩，完成养殖池塘清退4.94万亩。

构建了养殖尾水处理的典型模式。吴江区委托中国科学院编制池塘改造工艺方案，在七都浦江源太湖蟹生态养殖示范区建立了养殖尾水净化新模式，养殖尾水处理水平高、效果好；吴中区东山镇实施万亩养殖池塘片区化改造，养殖尾水净化区占养殖区域面积的30%，实施生态沟渠、集水沉淀池、曝气生物接触池、表流湿地、生态稳定塘的"五级过滤"，实现养殖尾水循环利用，达到了"零排放"。相城区阳澄湖现代渔业产业园通过土地整理、集中改造等一系列措施，将原先分散的小池塘改造成了标准化池塘，养殖面积达到2.9万亩，并引进了企业、科研院所等。产业园内的优华生态科技有限公司是一家以中华绒螯蟹成蟹养殖和扣蟹培育为主的企业，拥有140亩成蟹养殖塘和110亩扣蟹培育塘。公司对养殖池塘进行了清淤，将之改建成12个成蟹养殖塘和42个扣蟹培育塘，每个塘口的围板护坡设置管道、黑膜、绿网等。为增强水体的溶氧率，改善藻类生长环境，提高可供扣蟹作为饵料食用的有益菌类数量，该基地对苗塘的增氧系统进行了升级改造。池塘养殖采用原位修复技术，通过微生物作用，改善塘内水质，使其达到二类养殖用水标准，进一步减少面源污染。

吴中区养殖池塘标准化改造

2019年吴中区投资1.13亿元，在东山镇东西大圩进行总面积达10560亩的池塘标准化改造，在这些巧克力糖块般排列分布的池塘田间实现池塘养殖水循环利用，既保护了太湖水源地，又保障了农民的钱袋子、市民的菜篮子。

2. 农村生活污水治理

持续推进农村生活污水治理。从2005年开始,苏州市开展了数轮农村生活污水治理。到2014年,全市完成农村生活污水治理村庄2383个,农村生活污水治理初具规模。2015年,在总结推广常熟市"四统一"成功经验的基础上,启动了新一轮农村生活污水治理工作。2015—2017年,全市累计完成4792个村庄治理,实现重点村、特色村生活污水治理全覆盖,全市农村生活污水处理率达到80%以上。苏州市被住建部列为全国村庄生活污水治理示范区。2018年,苏州市委、市政府颁发了《关于高质量推进城乡生活污水治理三年行动计划的实施意见》(以下简称《实施意见》),明确提出要高标准实施城乡生活污水治理三年(2018—2020年)行动计划,通过3年的努力,实现"设施全覆盖、污水全收集、尾水全提表、监管全方位"的目标。到2020年年底,农村地区生活污水治理率力争达到90%以上,太湖一级保护区、阳澄湖一级和二级保护区、重点国考断面关联村庄生活污水治理率达到100%。"高质量推进城乡生活污水治理三年行动计划"实施以来,已累计完成3368个村庄、12.9万户农户的污水治理,并对141个村庄的污水处理设施进行改造,对349个村庄进行整改提升;到2020年年底,全市农村生活污水治理率达93%。

加强农村生活污水设施运行管护工作。苏州市委、市政府办公室出台了《苏州市农村生活污水治理设施运行维护管理办法(试行)》,明确责任主体,

常熟市董浜镇杜桥村分散式生活污水治理

将长效管理和运维经费纳入财政预算，市级财政对各市、区信息化平台建设给予专项补助，引导各地加快平台建设，实行常态化、全天候、可视化监测和考核，不断提高农村生活污水治理设施的管理水平。2020年，苏州市水利水务局组织开展农村生活污水治理日常监管工作，委托第三方检测机构对全市8个版块抽查1000个自然村，每季度定期将检查中发现的问题进行通报，要求地方行业主管部门限期整改。

3. 城乡黑臭水体治理

（1）健全机制、明确目标

2016年，苏州市建立城镇黑臭水体整治工作联席会议制度，设立联席会议办公室，负责城市和城镇建成区黑臭水体整治工作的综合协调、任务推进和督查指导；出台《苏州市城镇黑臭水体整治行动方案》，明确整治范围、时间节点、治理目标、工作步骤和主要任务。2018年年底前基本消除城市和城镇建成区黑臭水体（比国家要求提前两年完成）。在此基础上，苏州治理范围进一步拓展，从城市建成区延伸到城镇建成区和农村地区。2020年年底前基本消除城乡黑臭水体。

（2）强化控源截污、综合施策治理

落实以"控源截污、内源治理、疏浚活水、生态修复、长效管理"为主要内容的技术路线，重点开展控源截污和疏浚活水，因地制宜落实内源治理、生态修复、常态管护等措施。先后开展排水"五整治"、"高质量推进城乡生活污水治理三年行动计划"、城镇污水处理提质增效精准攻坚"333"行动。进一步加大厂网建设、雨污分流改造、管网检测修复、消除管网空白区、直排点整治、阳台及车库污水收治、污水厂提标改造等工作的力度，提升污水收集处理能力，阻断污水入河；加大水系沟通，打通断头浜、扩宽束水段，提升水体流动能力；开展河道清淤，推行干河清淤方式，有效消除内源污染和点源污染；强化执法监管，加大沿河违建拆除力度，防止生活污水、餐饮油水、工业废水直排河道；辅以落实曝气、生态河床、植物种植等生态措施，提升水体自净能力。截至2020年，累计完成932条城乡黑臭水体整治，其中城镇黑臭水体426条、农村黑臭水体506条，提前半年消除城乡黑臭水体。

（3）长效管护、巩固成果

健全河道长效管护机制，落实黑臭水体"河湖长制"，实现黑臭水体有河长治、有河长管；加强长效管护，落实河道养护队伍和经费，岸上、水体双管齐下；同时加强宣传，普及爱河护河知识，健全监督投诉渠道，积极引导市民、商家共同维护河湖环境；委托第三方专业机构进行常态化跟踪检查、水质检测，及时掌握水质动态变化，防止反弹；积极开展满意度调查，及时了解村（居）民对整治成效的意见、建议与诉求。

常熟市沙家浜镇昆承湖村
大宅基黄泥溇河整治现场

完成整治后的常熟市沙家浜镇昆承湖村
大宅基黄泥溇河

以上两图反映了整治前后的变化。常熟市沙家浜镇昆承湖村大宅基黄泥溇河完成清淤、活源等综合整治工作，新修建桥梁一座，打通水系，让河水流动起来，挥走了刺鼻臭气，告别了黑臭水体，重现"小桥流水"的水乡风貌。

4. 农村河道治理

岸上岸下全面整治。淘汰低端低效产能企业（作坊）6359 家，治理 5.35 万家；整治黑臭水体 932 条；"池塘养殖"标准化改造 23.5 万亩；655 家码头建设船舶污染物接收设施，完成 2102 艘货船生活污水处理装置改造；市级 1369 个"两违"、省级 45 个和市级 3064 个"三乱"整治全部完成。

水域岸线保护和修复并举。187 条进入省名录河湖 5500 公里管理范围线全部划定，31 条市重点河湖 1555 公里保护与利用岸线全部上图，33 条河湖保护规划全面在编，16 个重要水流自然资源统一确权登记启动。建成阳澄湖 70 多公里的生态美丽湖岸；长江苏州段沿岸新增生态景观防护林带 8892 亩，着力打造"成带成网"、应绿尽绿的长江生态防护林绿色长廊。

围绕高质量发展、突出不同河湖功能定位、打造人民满意幸福河目标，推进生态美丽河湖建设。至 2020 年年底，全市建成 387 条生态美丽河湖，七浦塘参评全国（21 条）"最美家乡河"，大运河苏州段等 5 处河湖获评"江苏最美水地标和水工程"，傀儡湖入选"江苏省首批生态河湖样板"。全市已拥有 6 个国家级、7 个省级水利风景区，6 个国家级、8 个省级湿地公园。

5. 河道长效管理

苏州全市城乡河道养护管理工作贯彻"截污、清淤、活水、保洁"八字方针，坚持以问题为导向，以管理为平台，以目标为抓手，创新工作思路，延伸工作内涵，明确职责、健全机构，进一步完善长效管理机制，提升现代化管理水平。2017年以来，全市24643条河道21530余公里，基本实现长效管护全覆盖，共落实河道长效管护经费11.4亿元，河道保洁人员1万多名，保洁船只5000多艘，市级累计投入5760万元奖补重点河湖管护，推动各地配套落实河湖管理保护资金，有效激活治水管水"一池春水"。2019年，江苏省水利厅、江苏省财政厅联合对全省农村河道长效管护工作开展绩效评估，苏州市7个涉农县（市、区）受检板块（不含姑苏区、苏州工业园区、苏州高新区），在农村河道长效管护考评项中取得了优异成绩，张家港、太仓、昆山、吴江、吴中、相城等6个板块被评为第一等次，常熟被评为第二等次，其中吴江区考核成绩位列全省第三。

（1）加强河道基础设施建设

根据"水美乡镇水系规划"和生态河湖建设三年行动计划的要求，结合农村村庄环境整治，整体推进河道整治和生态河湖建设。通过河道轮浚、拆坝建桥、生态河道建设，改善河道水生态环境。党的十八大以来，全市疏浚整治各级农村河道17618条13771公里、土方18771万方，拆坝3270处、建设桥（涵）3113座，建设各类生态河道1332公里，绿化河道1485公里。

（2）全面落实河（湖）长制

按照习近平总书记关于"每条河流要有河长"的要求，2017年4月，苏州市全面深化河湖长制改革，24643条河湖共落实5106名市、县、镇、村四级河湖长。苏州市委、市政府主要领导担任双总河长，引领全市各级河湖长巡河超过61万人次，召开现场部署会、督办会、座谈会5万多次，完成任务清单3.3万多份。2017年以来，苏州市围绕河湖长制"八大任务"，开展了一系列专项行动，攻克难点，消除痛点。

（3）实行电子巡河

利用卫星遥感技术、无人机、高清远程视频监控及物联网设备对乡村生态环境进行监测，重点推进农村河道水源、农村污水、农村垃圾堆放的治理和监测，分析各片区农村生态环境改善情况，及时预警生态破坏事件，进一步提升农村人居环境水平。

昆山市周庄镇祁浜村三株浜自然村河道

（二）禁止开山采石

苏州是历史文化名城和风景旅游城市，山体资源十分珍贵。但是，自20世纪60年代以来，由于盲目无序开山采石，不少山体被肢解，植被被破损，岩石裸露，山体自然景观和生态环境遭受了破坏。苏州市委、市政府从保护自然生态环境及风景旅游资源的大局和实施可持续发展战略的高度出发，采取了一系列整治措施，禁止开山采石，保护山体资源，关停了一批开山采石企业和宕口。为杜绝开山采石这一野蛮行为，苏州拿出了法律武器。

1. 立法、执法

1999年3月，根据苏州市人大常委会的立法计划，由市计委牵头成立立法起草小组，开展调研论证，着手起草工作。《苏州市禁止开山采石条例（草案）》经市政府常务会议讨论通过后，于9月提请市人大常委会初审。常委会组成人员在审议中对法规草案提出了一些修改的意见和建议。会后，市人大常委会又召开了由部分人大代表、政协委员、专家学者、城建环保委员和相关部门参加的征求意见座谈会，广泛征求修改意见，对前后共收集到的100多条修改意见和建议，认真分析研究，逐条逐句进行修改，经十易其稿，正式形成了《苏州市禁止开山采石条例（修改稿）》，由常委会会议再审通过。《苏州市禁止开山采石条例》出台后，经过十多年的努力，整治的综合效益逐步显现。据统计，至2003年年底，全市共关闭宕口235个，关闭率达100%，涉及矿山企业116家，提前实现了禁采既定目标。截至目前，全市共完成露采矿山宕口整治 228 只，治理面积近 1500 万平方米，投入资金总额约 9.7 亿元，基本完成宕口复绿整治任务。

2. 山体复绿整治

通过露采矿山宕口生态修复，实现了经济效益、社会效益和生态效益的多赢目标。一是通过对废弃露采矿山进行复绿整治，有效改善了周边生态环境，各种鸟类和野生动物开始来此繁衍生息，实现了与山体周边生态环境的良性互动。二是充分结合旅游业发展需要，加强资源整合利用，有效提升了生态旅游发展潜力。例如，吴中区旺山生态园、太湖乡村牛仔俱乐部，苏州高新区"欢

苏州虎丘区山体复绿整治对比

乐谷"拓展基地、白马涧生态园，已经成为节假日人们休闲、旅游、观光的好去处。三是有效推动了废弃山体的综合利用，凸显了山体复绿整治的经济价值和社会价值。四是结合地质灾害危险点、隐患点治理，通过清理边坡、削坡减载等方法，有效消除了地质灾害隐患。五是充分利用城乡建设用地挂钩和工矿废弃地整理政策，通过宕口复绿整治增加耕地，置换土地指标，有效缓解了用地压力。

（三）湿地建设

苏州湿地资源丰富，拥有300多个湖泊，河流密布，乡村大多逐水而生，自然湿地面积约400万亩，占苏州市域国土面积的三分之一。党的十八大以来，苏州湿地保护在湿地立法、生态补偿、科研监测和科普宣教等方面取得显著成效，领跑全省、领先全国，为服务苏州生态环境建设和率先基本实现农业农村现代化做出了贡献。2016年，第十届国际湿地大会在苏州市召开。2018年，常熟市荣获全球首批"国际湿地城市"称号。

1. 完善政策法规

2011年10月27日苏州市第十四届人民代表大会常务委员会第二十八次会议制定，2011年11月26日江苏省第十一届人民代表大会常务委员会第二十五次会议批准，在全省率先出台《苏州市湿地保护条例》。健全配套措施，相继出台了《关于加强湿地保护管理工作的意见》《苏州市湿地保护修复制度实施意见》等配套文件，编制了《苏州市湿地保护规划（2016—2030年）》，为保护美丽乡村湿地资源提供法律保障。同时，在全国率先实施湿地生态补偿政策，全市湿地生态补偿村有171个，每年用于湿地生态补偿的资金达1.3亿元，助力生态宜居的美丽乡村建设。

2. 强化红线监管

开展湿地分级管理，完成省级、市级重要湿地认定工作，全市共有重要湿地103个，其中省级15个、市级88个，总面积374.7万亩，占市域自然湿地总面积的93.4%，在国内最早开始构建"天—空—地"三位一体湿地监管体系，每年对重要湿地和湿地公园开展湿地面积变化动态监测，对侵占湿地行为进行严格监管。严格湿地用途管控，规范重大建设项目湿地征占用审核手续，严守湿地红线，为生态苏州建设保留了丰富的湿地资源。

3. 建立保护体系

从 2011 年开始，自然湿地保护率成为江苏省考核各市的指标之一。苏州通过建设湿地公园、湿地保护小区等措施，不断扩大受保护自然湿地面积。全市已建成湿地公园 21 个（其中国家级 6 个、省级 8 个、市级 7 个）、划定湿地保护小区 84 个，自然湿地保护率从 2010 年的 8% 提升至 64.5%，位列全省第二。

依托湿地公园，全市创建了 10 所苏州湿地自然学校，成为第一批"苏州市湿地宣教基地"。近 5 年，开展了 1586 场自然教育活动，受益 30 多万人次。常熟沙家浜、昆山天福、太湖湖滨和吴江同里国家湿地公园被授予全国"自然教育学校""精品自然教育基地"称号。有一批农村居民成为湿地公园科普活动的讲解员，通过讲述生态保护故事，增加了游客的湿地保护意识及知识，同时也对提高农民的文明水平起到了推动作用。

在具备条件的乡村居住区，苏州探索采用人工湿地净化处理生活污水，提升农村人居环境。吴中区金庭镇衙用里村和石公村建设生态湿地 3 处，处理 200 多家农户及农家乐的生活污水，每天处理污水量达 240 吨，出水水质达到城镇污水处理厂污染物排放标准一级 A 标准；常熟市虞山镇沉海圩以乡村自然河流为纽带，串联生态湿地、稻田湿地、果林种植、村落生活等区域，打造成集湿地自然环境、湿地农业生产、滨水乡村生活、休闲旅游观光于一体的乡村湿地。

通过对鸟类、水环境等进行连续监测，科学指导湿地保护与恢复。如昆山天福国家湿地公园在鸟类观测中发现了国家二级保护动物短耳鸮，以此为保护目标开展了栖息地修复，改造后湿地公园的鸟类数量明显增加，比 2016 年同期增加 55.3%，昆山天福国家湿地公园因此成为湿地栖息地修复的典范。常熟沙家浜、太湖湖滨和太湖国家湿地公园等根据鸟类监测，采取投放芦竹浮岛、改造地形等方式，增加了湿地浅滩生境，丰富了生物多样性。10 年间，全市鸟类种数从 267 种增加到 378 种，乡村生态功能明显提升。

苏州区域中山丘占 2.7%，森林资源主要集中在沿太湖丘陵山地，总量少、分布不均，森林覆盖率较低。2012 年以来，苏州市委、市政府深入践行"绿水青山就是金山银山"的发展理念，将"绿色苏州"建设作为打造生态宜居城市、加快城乡一体化发展的战略选择，不断挖掘造林潜力，提升森林质量，在加强湿地建设工作的同时，加大绿化建设的力度，构建沿长江、京杭大运河、环太湖防护林体系，形成绿色廊道系统，到2020年，全市陆地森林覆盖率达30%。

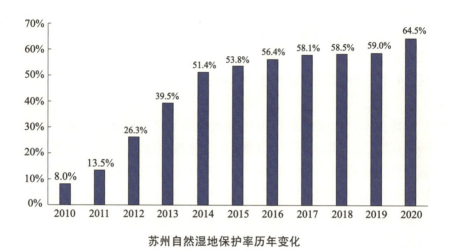

苏州自然湿地保护率历年变化

常熟市沙家浜国家湿地公园

常熟市沙家浜国家湿地公园之一

常熟市沙家浜国家湿地公园之二

吴中区三山岛国家湿地公园

三山岛国家湿地公园位于苏州城西太湖之中的三山岛，依托三山岛、泽山岛、厥山岛、蠡墅岛及毗连太湖水域构建而成，形成了美丽的淡水湖泊型群岛湿地风光。

吴中区三山岛国家湿地公园

昆山市天福国家湿地公园

昆山杨林塘航道（金鸡河）

杨林塘航道（金鸡河）生态修复工程是2017年昆山市重点实事工程，项目总投资2.4亿元。该工程西起昆山界，东至杨林船闸，全长21公里，绿化总面积为1209亩。

（四）农村人居环境整治

近年来，苏州全市上下以率先基本实现农业农村现代化为目标，扎实实施农村人居环境整治"三年行动计划"，"全面、全域、全力、全民"推进6个专项行动，即：村庄规划编制专项行动、美丽宜居村庄建设专项行动、村庄清洁专项行动、农村"厕所革命"专项行动、村容村貌提升专项行动、农村环境长效管护专项行动，解放思想、创新举措，组织开展"四季战役""百日攻坚"等活动。2020年8月，苏州市在江苏全省率先全域通过农村人居环境整治三年行动目标任务销号，农村人居环境全面提升。

张家港市乐余镇扶海村美丽乡村建设

1. 农房建设管理

（1）制定相应政策规范管理

素有"东方威尼斯"之称的苏州，水网密布，地势平坦，房屋多依水而建，民居以砖瓦结构的楼房为主，青砖蓝瓦、玲珑剔透的建筑风格，形成了江南地区纤巧、细腻、温情的水乡民居文化。为提高农房建设质量，着力提升村庄建筑风貌，加快建设美丽宜居乡村，苏州市住建局2018年12月专门出台了《关于进一步加强苏州市农村住房规划建设管理的指导意见》，要求凡符合条件者，可以根据已批准的村庄规划翻建住房，一般村内的农房建设由各地制定相应政策并规范管理。但是要严格控制农房占地面积、建筑面积等，建筑高度原则上以两层为主，要求建筑形式体现苏州传统建筑风貌，建设具有地域特色的"苏派民居"。要求加强科学规划，合理利用土地，规范设计施工，落实管理责任，依法规范审批，提升农房建设质量，全面优化村庄空间结构。优先推进农村存量危房改造，妥善解决农村"空关房""空心村"等问题。

苏州市按照江苏全省特色田园乡村建设行动要求，自2017年以来，致力于打造特色产业、特色生态、特色文化，塑造田园风光、田园建筑、田园生活，建设美丽乡村、宜居乡村、活力乡村，创新构建了由"特色精品乡村""特色康居乡村""特色宜居乡村"等三个分类标准组成的"苏州特色田园乡村建设"体系，先后有75个村庄获评为市级特色精品乡村，累计完成投资17.6亿元。有40个村庄被命名为"苏州市特色田园乡村"，12个省级试点村庄和33个村庄被命名为"江苏省特色田园乡村"。

太仓市沙溪镇半径村美丽乡村建设

吴江区汾湖高新区（黎里镇）美丽庭院

第三卷 彰显乡村特有功能

一、彰显生态功能

苏州昆山市张浦镇南吉山村美丽庭院

★ 昆山市张浦镇
——农房翻建让美丽家园"焕新颜"

农房翻建是一件惠民实事,是农村治理的一件大事。张浦镇按照"因村施策、一户一案"总体思路,全面推进农房规划建设管理,让农村更美丽宜居,让农民的生活更富足惬意。

2020年,张浦镇农房翻建工作平稳有序推进,共审批956户,放样完成783户,申请竣工验收832户,通过验收751户,竣工验收率达90.26%,日常安全、质量巡检共2800户次,发出整改告知书469份,风貌整改完成刷白46户,罗马柱整改21户,组团翻建新增16处、共177户。

一、坚持规划引领

统筹土地利用总体规划、城镇发展规划、农业布局规划、村庄布点规划等,加快完成村庄规划,根据规划有序推进农房翻建。在规划设计中，兼顾村民住房需求和美丽乡村建设要求，由专业公司提供设计样板图，供村民选择参照，既保证外部形象整齐美观，也保证内部构造合理宜居。

二、分类推进实施

对于非保留保护村，已经划入动迁区域内的，按照既定的动迁规划有序推进。对于规划保留保护和短期内不动迁的村，结合乡村振兴和农村宜居家园建设要求，制订相关标准和方案，逐步推进基础设施改造完善。

三、聘请专家培训

邀请苏州市建筑科学研究院高级工程师、国家注册监理工程师等专家对农房翻建建筑工匠与施工单位主要负责人进行农房翻建质量安全业务培训，进一步提升农房翻建建筑工人的专业知识水平，提高农房翻建房屋的质量，提升农房翻建建筑工人的安全意识，减少质量安全事故。

四、鼓励抱团翻建

张浦镇积极鼓励符合条件的各村（社区）农房翻建户进行组团翻建报批，并开展农房翻建意愿摸底工作，划分为多个区域，有意愿翻建的农户由农房办统一前往各部门办理审批手续，尽量同时完成审批工作，区域内农户尽量在同一时间段进行农房翻建工作，在减少对基础设施以及村庄环境破坏的同时加快农房翻建进程。此举不仅解决了材料运输问题，加快了农房翻建进程，而且有利于合理调整宅基地布局，减少乡邻矛盾等。目前已有12个村（社区）连片组团翻建49处，共涉及431户。

五、加强监督管理

制定《张浦镇农房翻建施工单位管理办法》，规范农村村民房屋更新工作流程，从建房前、建房中、建房后等三个方面对农村房屋翻建进行监督和管理。对房屋翻建申请进行严格审查，由村委对申请翻建的房屋条件进行鉴定并予以公示，征询四邻指界意见，签订承诺书等。对农房翻建建筑工匠以及建筑公司进行安全检查并通报，不定期开展督查，对于检查不合格的责任工匠限制其在张浦农房翻建的审批业务，加强监管，组织施工现场人员的文明、安全施工培训。

昆山"乐享四季张浦"

江南水乡风貌（昆山市周庄镇祁浜村）

（2）专业设计师驻村指导

苏州创新出台设计师驻村服务制度，由专业设计师驻场指导，陪伴式、全过程参与村庄建设，有效补齐了专业技术短板，大幅提升了乡村规划建设水平。全市平均每个在建试点村庄的驻村设计师团队配备4.8名设计师，年度提供驻村服务约40次，驻村时长近350小时。

【新闻链接】　　　　"驻村规划师"——彭锐

彭锐是苏州科技大学建筑城乡规划学院城乡规划系的老师，他的另一个身份是虎丘区通安镇树山村"驻村规划师"。

彭锐及其团队在树山村一驻就是10年。

10年来，树山村从姑苏城外的小山村变成了家喻户晓的"明星村"，亮眼成绩的背后，离不开彭锐及其团队的付出。

村里实行的是设计师负责制，大大小小的建设项目，彭锐团队都深入参与其中。像树山民宿建筑设计、大石山路综合整治、花溪景观设计、村庄入口空间提升等，他们都进行了直接指导。

"专业的人做专业的事"。彭锐团队在村里就做村委会、村民们做不了的事。村里来了重要接待，他们当讲解员；镇村有工程建设，他们做评审员；村里想引入项目，他们加入招商团……

彭锐团队还借助高校资源和平台优势，在树山村创建了全国首个"乡村双创中心"。

"乡村双创中心"通过"乡创+文创"模式,组织双创活动、培养双创人才、孵化双创企业,激发乡村活力。一层为"树山2035"——乡村振兴实践展示馆,二层为乡村振兴特色众创空间和大师工作室。截至2020年年底,在双创中心孵化的文创企业已超70家。

这里还建起了创客党支部。彭锐团队的主力魏然担任创客党支部书记。

彭锐团队在树山,不仅负责规划,还要研究、寻觅历史,修复文化遗存。有数尊百年历史的"年兽"石像,是村里的文化图腾。他们从"守文化"切入,打造乡土文化IP。

现在,彭锐团队已从树山村走向全国,文创产品已有三大系列近百种。

通安镇树山村全貌之一

通安镇树山村全貌之二

2. 农村生活垃圾治理

苏州市按照"减量优化、鼓励分类、城乡统筹、综合治理"原则,持续完善"组保洁、村收集、镇转运、县(市、区)处理"的生活垃圾收运处置体系。全面开展农村生活垃圾分类处置,加快建立健全分类投放、分类收运、分类处置利用的农村生活垃圾运行机制,不断提升垃圾减量化、无害化、资源化处理水平,构建"共建、共管、共享"的村庄环境自主管理机制。

从2017年起,苏州市财政每年安排1500万元资金,用于农村生活垃圾分类工作的奖补。截止到2020年年底,共建设镇级(村级)有机垃圾资源化处理站240个,日处理能力达到767.4吨。启动938个行政村、12805个自然村超过60万户的垃圾分类工作,厨余垃圾收运日常平均扫码率超过80%。2020年,常熟市入选住建部"农村生活垃圾分类和资源化利用示范县"名单,完成22个江苏省级全域农村生活垃圾分类试点镇建设工作,数量居全省第一。5年来全市累计投入超过4.5亿元,新增镇级、村级垃圾分类收运车辆3178辆,新增村级垃圾分类收运人员4456名,新改建村级垃圾分类亭或转运点约2.5万个。全市农村地区垃圾治理工作逐步从"垃圾入桶"向"垃圾分类"精细化迈进。

村内垃圾分类收集亭

建立村民垃圾分类激励体系。采用"分类得积分，积分换农产品、日用品或有机肥"方式，提高分类积极性。以信息化管理平台为抓手，实行量化统计、精细化管理，按信息系统记录积分高低给予物质或精神奖励，并在村务公示栏进行公示，营造"谁分类、谁光荣，谁分类，谁受益"氛围。行政村按照村民积分情况，开展垃圾分类优秀家庭评比，激励村民认真参与。

昆山市周市镇市北村生活垃圾分类亭

3. 农村"厕所革命"

习近平强调"厕所问题不是小事情"。由旅游系统发起的深入推进农村"厕所革命"，苏州各地农村积极响应，纷纷行动，改造提升卫生厕所，全面推进实施厕所粪污治理，切实加强改厕与农村生活污水治理的有效衔接。

苏州市于2019年开展新一轮农村公共厕所新改建工作，2019年和2020年分别完成466座和500座农村公厕新改建。

根据村庄建设规划和村民需求新建公共厕所，对建造时间久、标准低的厕所进行改建，新改建标准参照城市公共厕所设计标准，达到三类标准。鼓励有条件的行政村根据村庄发展和村民需要，按照二类以上标准建设，提升全市农村公共厕所建设水平。

第三卷 彰显乡村特有功能

一、彰显生态功能

吴江区桃源镇水家港村公共厕所

苏州农村人居环境整治成绩单

至2020年年底,全市已评定农村人居环境整治示范镇20个、示范村200个。

至2020年年底,全市45个村庄被命名为"江苏省特色田园乡村",数量和质量领先全省。

全市累计建成市级特色康居乡村2784个、特色康居示范区53个。

全市长效管护行政村占比100%。

昆山市入选国务院"2019年全国开展农村人居环境整治成效明显的激励县"(全国共有20个地方入选,昆山是江苏唯一);太仓市候选国务院"2020年全国开展农村人居环境整治成效明显的激励县"(全国共有20个地方入选,太仓是江苏唯一)。

太仓市被评为"2019年度全国村庄清洁行动先进县"。

吴中区入选2018年度江苏省农村人居环境整治成效明显激励县(全省共13个地方入选)。

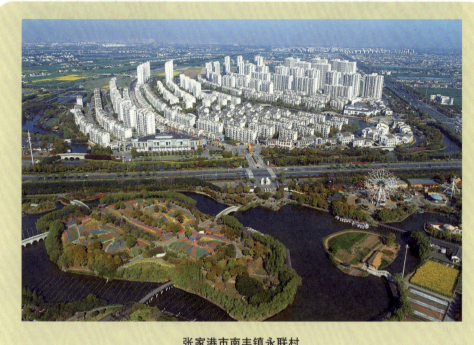

张家港市南丰镇永联村

二、彰显文化功能

习近平指出,"我国农耕文明源远流长、博大精深,是中华优秀传统文化的根"。

2020年年底,在北京大学新农村发展研究院主办的乡村振兴论坛上,中央农村工作领导小组办公室原主任陈锡文在其所作的《乡村振兴与乡村功能发挥》报告中特别指出:"乡村的文化,更多的体现在这个民族、这个地域的历史的传统,是比较一种纯粹的文化,所以国家、民族的优秀的传统文化能不能传承下去,很大的责任也在于乡村。"

当代作家、中国民间文艺家协会名誉主席冯骥才说,民间文化是"中华文化的一半"。

文化是民族的血脉,是人民的精神家园。苏州农村的文化资源相当丰富,积淀着苏州乡村深沉的精神追求和独特的精神标识,凝聚了苏州乡村的人文基因、文化记忆、精神价值、思维方式。这是苏州地方的宝贵财富。

随着改革开放的深入推进，随着经济社会的日益发展和进步，苏州农村对文化给予了越来越多的关注和重视，并结合一个地方的历史传承，围绕"人文精神"做了大量的发掘、整理、展示、保护、传承工作。

（一）吴歌传唱

吴歌，是吴地汉族民歌民谣的总称。苏州地区是吴歌产生、发展的中心地区。

吴歌起源于劳动，来源于生活，与江南水乡的稻作文化、舟楫文化密不可分，生动形象地反映了江南水乡人民的劳动与生活场景及思想感情，具有浓厚的地方特色。

吴歌涵盖的内容十分广泛，有劳动歌、农事歌、摇船歌、工匠歌，有民俗节庆歌、婚丧寿事仪式歌、日常生活歌，有情歌、儿歌、历史传说歌等，具有相当高的文学价值、历史价值、社会价值、艺术价值。出生在苏州的中国著名历史学家、民俗学家顾颉刚辑录的《吴歌甲集》在20世纪30年代出版，著名文学家、教育家、语言学家刘半农为《吴歌甲集》作序说：吴歌的意趣不外乎"语言、风土、艺术三项"，而"这三件事，干脆说来，就是民族的灵魂"。

苏州多地建立吴歌展示馆，开创了江南乡村彰显文化功能的先河。

1. 常熟白茆山歌馆

常熟的白茆山歌是吴歌的杰出代表，被誉为"吴地一绝"。白茆山歌馆筹建于1991年，于1995年11月24日正式开馆，是全国第一家山歌展示馆。山歌馆用图片和文字资料系统、全面地介绍并展示了白茆山歌的历史与现状，介绍了白茆山歌的特征和功能，白茆山歌的优秀歌手和作者，白茆山歌的优秀作品，以及白茆山歌的选调演出等内容。山歌馆常年对外开放。开馆25年来，白茆山歌馆累计接待中外专家、学者及海内外游客30万人。

白茆山歌馆充分利用白茆山歌现有资源，积极挖掘与白茆山歌相关的历史史实、文物史料等，精心设计载体，开展多种形式的主题活动，提高广大干部群众特别是青少年参观白茆山歌馆的热情，提升白茆山歌的知名度和美誉度。

白茆山歌馆

为利用白茆山歌资源达到教育人、塑造人、凝聚人的目的,地方政府组织力量以"文化遗产日"为时间节点,开展非物质文化遗产进校园、进家庭等活动。每年创作编排新的白茆山歌,利用各类节庆时间点进村(社区)、进工厂传唱,让更多的群众参与其中,拓宽视野,陶冶情操。白茆山歌艺术团、白茆山歌少儿艺术团、白茆山歌党建艺术团等民间团队,同时加强文艺创作,加强文艺骨干辅导培训,培养青年山歌手,做好非遗传承工作。

原建的白茆山歌馆历经数十年,已逐渐老旧,据此,古里镇在红豆山庄景区内北侧建造新白茆山歌馆,新馆于2021年6月12日正式开馆。新白茆山歌馆建筑面积1572平方米,主要包括白茆山歌展览厅、白茆山歌研究室、室内山歌剧场和室外水上山歌舞台,运用声、光、电等现代投影技术立体展示白茆山歌的历史风采,拓宽白茆山歌传唱空间,营造白茆山歌传唱氛围。

白茆山歌馆内景

2. 吴江芦墟山歌馆

芦墟山歌始于明，盛于清。它题材广泛、内容庞杂，包含劳动歌、仪式歌、生活歌、历史传说歌、儿歌、杂歌、新民歌等，其中以情歌居多。1982年，由张舫澜、马汉民、卢群搜集整理的长篇叙事山歌《五姑娘》，彻底打破了"汉族无长篇叙事诗"的历史成见，堪与壮族的《刘三姐》、彝族的《阿诗玛》相媲美。芦墟山歌具有非常高的历史价值，反映了各个时期的政治、经济、文化状况，是一部在民间广泛传唱、在史籍上寻找不到的生动史册。吴江芦墟山歌馆于2005年建成。2006年，芦墟山歌（吴歌）被列入首批国家级非物质文化遗产名录；2007年，芦墟山歌馆被公布为苏州市首批非遗项目保护示范基地。

从清末一直到新中国成立后，芦墟山歌出现了一批批歌手。现存歌手中年龄最高者为92岁的丁龙宝，在校学生中还有少儿和幼儿两个年龄层次的小山歌手，形成了代代相传、届届相连的局面。

陆阿妹（1902—1986），女，浙江嘉善人，抗战前夕到吴江芦墟镇落户定居，素有"山歌女王""江南刘三姐"之誉。1953年，陆阿妹参加苏州专区民间文艺会演,演唱芦墟山歌获一等奖。她能唱山歌 500 余首,其中长歌有 6 首。她传唱的《五姑娘》是一首叙事与抒情相结合的优秀民间长篇叙事诗,在国内外有很大影响,曾被改编为电影、电视剧和音乐舞蹈剧等而广为流传。陆阿妹生前为中国民间文艺家协会会员、中国歌谣学会理事。

杨文英(1948—)女,吴江区芦墟人,20 世纪 50 年代末就读于芦墟镇中心小学,为学生中的文艺骨干。当时,著名山歌手陆阿妹在小学任校工,收她为徒。陆阿妹挑选了《五姑娘》的歌头、《阿天上工》等长歌片段和一些风物山歌、新山歌向杨文英传授。时隔三十余年,杨文英已成为演唱芦墟山歌的优秀歌手。进入 20 世纪 90 年代末,芦墟实验小学成立少儿山歌班,杨文英担任山歌班校外辅导员,培养了一批批少儿歌手。杨文英现为苏州市民间文艺家协会会员、吴江市民间文艺家协会名誉理事,2007 年进入第一批国家级非物质文化遗产项目代表性传承人名单。

芦墟山歌表演

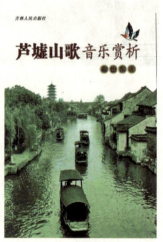

芦墟山歌出版物

3. 张家港河阳山歌馆

河阳山歌流传于张家港市凤凰镇河阳山一带,迄今已有 6000 多年的历史。其代表作品《斫竹歌》被学界称为华夏古老音乐文化的活化石。2006 年,作为吴歌的重要组成部分,河阳山歌被列入首批国家级非物质文化遗产名录。

河阳山歌馆于 2010 年 9 月开馆,2019 年进行升级改造,目前占地面积 13000 多平方米,建筑面积 3803.5 平方米。山歌馆小桥流水,亭台楼阁,一派古典风韵。从入口处开始依次是河阳山歌主题馆、历史文物陈列馆、历史名人馆、民俗风情馆、山歌演艺馆、凤凰阁等功能场所，具有展示演艺、学术研究、文化交流、廉洁教育和德育教育等功能，并采用声、光、电结合的方式丰富展厅内容，再现对歌场景。

河阳山歌馆每年接待游客50万人，同时以非遗传承、旅游体验、乡村振兴为亮点，结合张家港市团委的"三色花开"、凤凰镇社区教育的"江南美凤凰研学体验"等公益项目，开展"山歌巡演""山歌（儿歌）教唱"等活动，让游客可以听到原汁原味的河阳山歌，深入领略山歌的独特魅力。河阳山歌馆先后获评为江苏省第三批、张家港市首家"省级廉政教育示范基地"，并获"中国吴地山歌传承保护基地""江苏省华侨文化交流基地"、2017—2019年"张家港市社会科学普及示范基地"等荣誉称号。凤凰镇被命名为"中国吴歌之乡""中国民间文化艺术（山歌）之乡"。凤凰景区被评为江苏省首批非遗旅游体验基地。凤凰镇双塘村被打造成"河阳田园非遗村"。

河阳山歌馆

河阳山歌表演

（二）见贤思齐

苏州古今名人辈出，由这方水土哺育出来的文武状元、学术名家和当代院士数量遥居全国各城市之首，是著名的状元和院士之乡，并遗存有大量的历代文化名人故居。

苏州众多的圣贤名士中有相当部分来自乡村,他们身上不仅体现了苏州乃至江南地区"重教崇文"追求的精神,也揭示了中国知识分子学以致用、"以文报国"的家国情怀。

苏州乡村自古就有尊重知识、向往进步的优良风尚。在苏州大市范围内有70余处名人故居,其中全国重点文物保护单位有4处,江苏省文物保护单位有4处,苏州市文物保护单位有25处,控制保护建筑有33处。改革开放以来,苏州各地相继新建、扩建、保护修缮了一批名人馆,这些名人馆充分采用传统与现代相结合的多种艺术表现手法和多媒体技术手段展示名人的历史功绩、名人的故事、名人的名言警句,使之成为一种精神,一座标杆,引领社会,激励后人。

1. 冯梦龙纪念馆

冯梦龙,出生于苏州吴县莳溪旁(今相城区黄埭镇),明代著名通俗文学家、思想家、戏曲家,有"中国古代白话小说先驱""中国通俗文学之父"的美誉。他以生活地"长洲"(今苏州)为背景,一生创作了近3000万字的小说、戏曲等文学作品,尤其是《醒世恒言》《警世通言》《喻世明言》等"三言"更是家喻户晓的名作。冯梦龙一生最大的文学贡献在于民间文学的搜集整理以及民歌、戏曲和通俗文学的编写刊行,由于他贴近底层民众生活,亲民爱民,其作品呈现出与正统文人有异的民间价值观,深受群众欢迎。

为纪念,为传承,当地政府先后翻建了冯梦龙故居,建造了冯梦龙纪念馆,打造了冯梦龙农耕文化园、冯梦龙清风园。

苏州市相城区黄埭镇冯梦龙纪念馆

《喻世明言》《警世通言》《醒世恒言》书影

2. 顾炎武故居

顾炎武（1613年7月15日—1682年2月15日）被称为清朝"开国儒师"、"清学开山"始祖，是著名经学家、史地学家、音韵学家。他学识渊博，在经学、史学、音韵、小学、金石考古、方志舆地以及诗文诸学上，都有较深造诣，建树了承前启后之功，成为开启一代学术先路的杰出大师。

顾炎武故居，位于江苏省昆山市千灯镇，占地60亩，建筑面积5450平方米。1956年，顾炎武墓及祠堂被列为江苏省文物保护单位。1984年、1987年、2000年昆山市分别拨款进行重建和修葺。经过修缮后的顾炎武故居，包括顾炎武故居、亭林祠堂和墓及顾园等3个区域，为千灯明清宅第之首。

顾炎武故居

顾炎武故居为整个宅第之主体，朝东落西，为五进古香古色的明清建筑，自东而西依次为水墙门、门厅、清厅（轿厅）、明厅（正厅、楠木厅）、住宅楼，北侧有备弄连接灶房、读书楼和后花园，故居前与千年石板街相接，后与顾炎武墓地和顾园相连。该区域主要再现顾炎武居家生活、读书场景，各厅内陈列顾炎武塑像、手迹、著作、生平事迹和国内外对顾炎武及其作品的研究成果。

顾炎武提倡"利国富民",并认为"善为国者,藏之于民"。他所提出的"天下兴亡,匹夫有责"这一口号,意义和影响深远。

昆山市亭林园内的顾炎武塑像

3. 叶圣陶纪念馆

叶圣陶(1894年10月28日—1988年2月16日),原名叶绍钧,字秉臣、圣陶,生于江苏苏州,现代作家、教育家、出版家和社会活动家,有"优秀的语言艺术家"之誉。曾先后担任教育部副部长、人民教育出版社社长和总编、中华全国文学艺术界联合委员会委员、中国作家协会顾问、中央文史研究馆馆长、全国政协副主席,第一、二、三、四、五届全国人民代表大会常务委员会委员,民进中央主席。

自1917年至1922年,叶圣陶在吴县第五高等小学任教,其间形成叶圣陶教育思想,编写新教科书,创新了中国现代教育教学理论。

2020年10月28日是叶圣陶先生126周年诞辰,作为目前全国唯一以"叶圣陶"命名的公办初中,苏州市叶圣陶中学校举行了叶圣陶像揭像仪式暨首届圣陶文化节活动。

叶圣陶公园（原吴县第五高等小学旧址）内的叶圣陶塑像

4. 费孝通纪念馆

费孝通（1910年11月—2005年4月），苏州吴江人，著名社会学家、人类学家、民族学家、社会活动家，第七、第八届全国人民代表大会常务委员会副委员长，中国人民政治协商会议第六届全国委员会副主席。

1928年考入东吴大学医预科，1938年获得伦敦大学经济政治学院博士学位，1944年加入民盟，1982年被选为伦敦大学经济政治学院院士，1988年获联合国大英百科全书奖。

费孝通在其导师马林诺夫斯基指导下完成了博士论文《江村经济》，该书被誉为"人类学实地调查和理论工作发展中的一个里程碑"，是国际人类学界的经典之作。费孝通曾先后对中国黄河三角洲、长江三角洲、珠江三角洲等进行实地调查，并提出了既符合当地实际，又具有全局意义的重要发展思路与具体策略。同时，费孝通开始进行一生学术工作的总结，提出并阐述了"文化自觉"

的重大命题，并出版有《行行重行行》《学术自述与反思》《从实求知录》等著作，被誉为中国社会学和人类学的奠基人之一。

费孝通江村纪念馆建成于2010年10月，于2018年改造升级，被列为首批苏州市统一战线传统教育基地。

纪念馆占地10000平方米，由6个部分组成，分别是费孝通江村纪念馆、江村历史文化陈列馆、费达生江村陈列馆、费孝通广场、景观池和碑廊。馆内以费老社会调查的大量珍贵图片和调研学术成果为主线，充分展示费老作为中国社会学泰斗级人物为人类文明进步所做的巨大贡献。迄今为止，费孝通江村纪念馆已接待参观10余万人次。

吴江区七都镇费孝通江村纪念馆

吴江区七都镇开弦弓村秉承费孝通先生"从实求知、志在富民、文化自觉"的思想精髓，将原生产队集体老仓库改造为"江村文化礼堂"，持续开展研学、研讨、专题讲座等系列活动，打造新时代"学术江村"。每到周末，江苏省非物质文化遗产——吴江七都昆曲木偶戏定期在文化礼堂上演，成为当地群众展演、村民与游客互动的基地。

吴江七都昆曲木偶戏表演

5. 王淦昌高级中学

王淦昌（1907年5月28日—1998年12月10日），出生于江苏常熟，中共党员、九三学社社员。生前曾任中国原子能研究院院长，九三学社中央名誉主席，参与了中国原子弹、氢弹原理突破及核武器的试验研究和组织领导，是中国核武器研制的主要奠基人之一。曾荣获两项国家自然科学一等奖、国家科学技术进步特等奖等奖项。核物理学家，中国核科学的奠基人和开拓者之一，中国科学院院士，"两弹一星功勋奖章"获得者。

1961年4月1日，从苏联回国不久的王淦昌精神抖擞地来到主管原子能工业的第二机械工业部办公大楼，领导向他转达了党中央的决定，请他参加并领导研制原子弹的工作。王淦昌没有犹豫，当即回答："我愿以身许国！"这句脱口而出的话是从他心里迸发出来的，他从此隐姓埋名"失踪"了17年。王淦昌参与了我国原子弹、氢弹原理突破及核武器的试验研究和组织领导，为我国核武器研制做出了巨大贡献，立下了不朽的功勋。

王淦昌

王淦昌中学位于我国著名核物理学家王淦昌先生的故乡——常熟市支塘镇。学校的前身是支塘中学，创建于1951年，1958年增设高中部，

1998年跻身省级重点中学行列,新世纪开首之年,经省教育厅批准更名为"王淦昌高级中学"。全校师生决心发扬学校优良传统,自加压力,锐意进取,依托名人,创办名校,向着国家级示范中学的目标迈开坚实的脚步。

位于常熟市支塘镇的王淦昌高级中学

6. 苏州健雄职业技术学院

吴健雄(1912年5月31日—1997年2月16日),生于江苏省苏州太仓浏河镇,美籍华人,核物理学家,在β衰变研究领域具有世界性的贡献,被誉为"东方居里夫人""核物理女王""物理学第一夫人"。

吴健雄于民国二十三年(1934)从国立中央大学物理系毕业、获学士学位,于1940年从美国加州大学伯克利分校(UC Berkeley)毕业、获物理学博士学位。1952年,吴健雄任哥伦比亚大学副教授,1958年升为教授,1958当选为美国科学院院士,1975年获美国最高科学荣誉——国家科学勋章。1990年,中国科学院紫金山天文台将国际编号为"2752号"的小行星命名为"吴健雄星",1994年吴健雄当选为中国科学院首批外籍院士。

苏州健雄职业技术学院是2004年7月经江苏省人民政府批准建立的公办全日制高等职业院校(太仓市政府投资),以出生太仓的世界著名核物理女王——吴健雄的名字命名。学院2007年通过教育部高职高专人才培养工作水平评估,

2008年成为首批省级国际服务外包人才培训基地，2011年被列为江苏省示范性高等职业院校培育建设单位，先后获得"江苏省职业教育先进单位""江苏省国际服务外包先进单位""江苏省毕业生就业工作先进集体""江苏省高职人才培养模式创新实验基地""江苏省平安校园"等60多项荣誉称号。

吴健雄

位于太仓市科教新城的苏州建雄职业技术学院

7. 抗倭英雄金七与金村庙会

明代嘉庆年间，倭寇屡犯东南，金村（今张家港市塘桥镇金村村）也屡遭侵扰，金氏家族中的金七带领村民奋勇抗击，最后因寡不敌众壮烈牺牲。为纪念本地抗倭英雄金七，弘扬以爱国主义为核心的民族精神，金村村每年四月初七至初九连续3天举办金村庙会，庙会设立"出会"形式，祭祀先贤，表达老百姓对忠勇侠义精神的崇敬之情。这一传统延续至今，成为金村人的精神信仰。2014年11月11日，"金村庙

金村庙会之一

会"经国务院批准被列入第四批国家级非物质文化遗产名录。

金村庙会之二

（三）"首都"风采

冯骥才曾有言，苏州是我国民间工艺之首都。

联合国科教文组织授予苏州"工艺之都"称号。

苏州乡村是苏州民间工艺的源头。誉满天下的苏工苏作几乎都是植根于乡村。在苏州，突出的是木匠、石匠、雕匠，且都有代表人物以及传承和创新。工匠精神是苏州农村的宝贵传承。以苏绣、核雕等极富特色的产业为代表的苏工苏作，通过丰富演绎，让传统"非遗"更好地讲好今天的"江南故事"。

1. 苏绣（中国"四大名绣"之首）

被列为我国"四大名绣"之首的苏绣，发源于苏州地区，流传至今已有2000多年的历史，苏州刺绣的独特风格是图案秀丽、构思巧妙、绣工细微、针法多样、清新素雅，承载着浓郁的地方特色。如今，现代苏绣工匠通常借鉴绘画作品进行再制作，让作品达到栩栩如生、气韵生动。

第三卷　彰显乡村特有功能

苏州虎丘区镇湖街道的刺绣业历史悠久，自古以来一直是当地居民家庭收入的重要来源。改革开放以来，地方政府大力支持扶持镇湖绣业发展。1998年以来，镇湖陆续建成了"中国刺绣艺术馆""绣品街"和"镇湖苏绣艺术展示中心"等。镇湖先后获得"刺绣艺术之乡""国家文化产业示范基地""国家级非物质文化遗产（苏绣）项目生产性保护示范基地"等荣誉称号。目前，常住人口2万多人的镇湖，刺绣从业者超过9000名，培育出了由2位中国工艺美术大师、2位国家级非遗（苏绣）传承人、3位首批"大国非遗工匠"、12位省级工艺美术大师、8位省级工艺美术名人、90多位高级工艺美术师构成的苏绣传承人队伍。

二、彰显文化功能

美丽的苏绣

苏州绣娘们在刺绣

苏绣多次被作为国礼赠送给外国元首并入选国家重要活动。

2. 苏州核雕（苏州独有的传统民间艺术）

苏州核雕是苏州地区独有的传统民间艺术。吴中区光福镇舟山村，是橄榄核雕的重要发源地，如今更是全国80%核雕产品的产出地，享有"中国核雕看苏州，苏州核雕看舟山"的美誉。苏州核雕如切如磋，如琢如磨，方寸之间刻画大千世界。这种以杏核、橄榄核、桃核等果核为原材料的微型雕刻艺术，被誉为中国微雕的杰出代表。2007年，苏州核雕入选江苏省首批非物质文化遗产保护名录；2008年入选第二批国家级非物质文化遗产名录。

《九鱼戏潮》（周建明作）

近年来，舟山村的核雕产业不断发展壮大，建了核雕城，成立了核雕行业协会，全村180多户居民几乎家家从事核雕手工艺，核雕从业人员达3000多人，带动相关产业从业人员1000余人，一条高附加值的产业链日渐成熟，成为当地居民小康路上的硬"核"助力。

常言道：浓缩的都是精华。苏州核雕，真正将山水、草木、人物以千百倍的比例微缩到小小的橄榄核上，并且让刻出的所有物件，不论大小，尽管细如毫发，也能用肉眼看得清清楚楚。

3. 香山——木工圣地

"香山帮"是对苏州建筑工匠群体的称谓。它集木作、泥水作、砖雕、木雕、石雕、彩绘等多种工种于一体，在明代以前就颇有影响。南宋时，在太湖之滨的吴县香山，技艺祖辈相传的香山帮工匠形成了派系。《香山小志》称"香山梓人，巧者居十之五六"。南宋范成大在《吴郡志》中也说，江南工匠，皆出于香山。早在吴越春秋时，吴王夫差为庆祝得到西施而建姑苏台，其中就有香山的木工参与建造，国家文物鉴定委员会委员余辉在谈《王宫图》时，即谈到香山地区有两千多年营造宫殿的历史。

《王城图》局部（明代朱邦绘）　　　　　《王城图》局部之蒯祥像

"香山帮"工匠的领袖——蒯祥

蒯祥出身于香山的木匠家庭。明代工匠为世袭制，蒯祥的父亲蒯富是总管建筑皇宫的"木工首"。蒯富告老还乡后，蒯祥代行父职，负责建造北京皇宫，后任工部侍郎。据说蒯祥负责完成了北京皇宫（1417）、皇宫三殿、长陵（1413）、献陵（1425）、隆福寺（1425）、北京西苑（今北海、中海、南海）殿宇（1460）、裕陵（1464）等重大工程，登上了工匠所能达到的巅峰。

蒯祥，不但皇帝表彰他，封赏爵位，渔帆村乃至十里八乡的老百姓也崇拜他、效仿他，于是香山一带出现了一个木匠群体，叫"香山帮"，这是苏式建筑的代名词，并形成了一个建筑流派，一直延续至今。

4. 御窑金砖（国家非物质文化遗产）

御窑金砖，至今已有600多年历史。明成祖朱棣迁都北京，大兴土木建造紫金城，经香山帮木工匠推荐，永乐皇帝赐封陆墓砖窑为"御窑"。故宫的太和殿、中和殿以及天安门城楼所铺设的都是御窑砖。金砖制作技艺相当复杂，从选泥、练泥、制坯、装窑、炮制、窨水、出窑、打磨到涂层,工艺多达20多道,一道不达标,则前功尽弃。

御窑金砖通透丰满,温润如玉,不滑不涩,经久耐用,故有"一两黄金一块砖"之说。2006年5月,御窑金砖工艺被列入国务院公布的第一批国家级非物质文化遗产保护名录。

苏州御窑金砖博物馆

苏州御窑金砖博物馆是全国首家展示"御窑金砖"的博物馆,它位于相城区元和街道,占地3万多平方米,通过文物陈列、场景复原等手段详细讲解了御窑金砖成为皇室御用的"天下第一砖"的过程,而故宫的每一块地砖都出自这里。

金砖博物馆通过模型建筑等,从多方面介绍金砖的制作步骤和历史文化。

御窑金砖博物馆内景

（四）舌尖上的讲究

苏州农村物产丰富，出产的食物品种达 1000 多种。苏州人历来讲究吃，美食文化源远流长。苏州人"有时有食，不时不食"，各季有各季的食谱，各地也有各地的食谱。苏州是我国东部饮食文化中心，是三大饮食文化之一（京式、苏式、广式）苏式饮食文化的发源地。

1. 苏帮菜

"苏帮菜"即苏州本帮菜。

苏州自古"擅三江五湖之利"。"三江既入，震泽底定"。三万六千顷的太湖及其邻近水域，为苏州人民提供了极其丰富的美食资源，尤其是鱼资源。史载专诸的"炙鱼"技术即学自太湖。阖闾"治鱼为脍"劳师，"吴人作脍者自阖闾之造也"。苏州"炙鱼"和"鱼脍"为美味久矣。"鱼鲊"也是古吴的美味。晋时，苏州人陆机饷中书令张华以"鱼鲊"，竟被张华称赞为"此龙肉也"（《晋书·张华传》）。五代时，苏州的"玲珑牡丹鲊"更是开我国工艺造型菜之先河。如今苏州众多的鱼类菜肴中，无不可以找到古"炙鱼""鱼脍""鱼鲊"的影子。据《吴越春秋》记载，阖闾出海征战归来，思海中所食之鱼，但是鱼已被司厨者曝干，吴王亦索食之，味甚美，"因书'美'下着'鱼'，是为'鲞'字"，这就是"鲞"（干鱼）的由来。魏晋时，颇珍鲈鱼，尤其是张翰为思鲈鱼莼羹而辞官归吴，此后鲈鱼更是声名大振。这鲈鱼之乡就在苏州吴江长桥。相传该桥一侧鲈鱼四鳃，另一侧为三鳃。南朝隋唐时号称"一时珍食""东南佳味"的鲈鱼脍都是指那一带的鲈鱼。宋时在该地建有"鲈乡亭"。

宋代时原来南方菜咸而北方菜甜，江南进贡到长安、洛阳的鱼蟹要加糖加蜜。宋室南迁之后，北方的甜味饮食对苏帮菜产生了很大的影响。苏州的很多小吃，如小笼包、汤包、馄饨均源自北宋首都开封，经过杭州然后传至苏州，苏州人本来偏咸的口味一下子改成了偏甜的口味。苏帮菜今日的嗜甜，由此而滥觞。元末明初，苏州人韩奕所写的饮食专著《易牙遗意》中，明确提到用盐的就有 33 种，占到 67.35%，而用糖的只有 7 种，仅占 14.29%。可见在古代苏州人的饮食生活中，盐的地位要远远大于糖。清代时苏帮菜流行于全国，据杭州徐珂所辑《清稗类钞》记载，肴馔之各有特色者，如京师、山东、四川、广东、福建、江宁、苏州、镇江、扬州、淮安。乾隆帝南巡的时候，曾经到苏州的得月楼做客,尝到江南美味后,他非常高兴,赐名苏州为"天下第一食府"。清中叶苏州虎丘三山馆饭店能供应140多种菜肴和近30种点心,其中单是鸭子就有火夹鸭、海参鸭、八宝鸭、风鱼鸭、汤野鸭、汁野鸭等14种做法;鱼有参糟鱼、剥皮黄鱼、斑鱼汤、黄焖着甲等16种花样;鱼翅菜有7种……它们是该店厨师根据"有味者使之出,无味者使之入"的烹饪原则,结合各种原材料的特点,再加上自已独特的手艺创制出来的,而三山馆则以这些名菜饮誉江南。

如今,尤其随着改革开放的深入推进,南往北来的人口流动给苏州美食注入了新的灵感,苏帮菜正以新的面貌在市场上展示风采。大量本地菜如姑苏卤鸭、蟹粉豆腐、腌笃鲜、百叶结烧肉、银杏菜心等经过精工细作后被引入高档宴席。阳澄湖和太湖所产的大闸蟹、"太湖三白""水八仙"、长江里的"江鲜"、众多河湖里所出产的河鲜等苏州特有的物产,通过创新做法,如太湖白鱼用虾子蒸,菱肉、藕片、白果与鲜鸡头米炒的"水乡四宝",用桃树上的胶烧的"桃仁羹",猪肠和猪肺煨成的"肠肺汤"等,这些菜在今天已是苏州的新招牌菜。

2020年10月,江苏省农业农村厅、江苏省文化和旅游厅、江苏省商务厅联合公布了江苏省百道乡土地标菜,苏州有8道菜成功入选。

常熟徐市羊汤

(1) 常熟徐市羊汤

徐市羊汤始于明代,盛于清代道光年间,至今已有四百多年历史。地道的徐市羊汤,选用的都是农家饲养的湖羊或小山羊,以新鲜蔬菜、草料为食,还原羊肉本身真正的味道。

(2) 吴中藏书红烧羊肉

自明清时期起,藏书羊肉便已成名,如今历经数百年长盛不衰,名扬江、浙、沪等地。传统的藏书羊肉有两种基本的烹调方法——白烧与红烧。

吴中藏书红烧羊肉

（3）吴江清炒香青菜

吴江香青菜

香青菜，因炒熟后香味浓郁而得名，是吴江特有的一个青菜品种。在吴江，无论家常还是餐馆，当一盘绿油油的清炒香青菜端上桌来，被送入口中细细咀嚼时，一股独特的清香顷刻间充盈口齿之间，即便是简单的清炒，芬芳四溢的气息依旧清晰浓郁，这就是香青菜的魅力。

（4）张家港螃蜞豆腐

张家港北濒长江，在沿江一带的芦苇下栖息着密密麻麻的螃蜞。而正是这得天独厚的地理资源、原汁原味的风土人情，孕育了这道"鲜到掉眉毛"的美味——螃蜞豆腐。

张家港螃蜞豆腐

张家港草头干蒸肉糕

相城稻草扎肉

（5）张家港草头干蒸肉糕

草头干蒸肉糕食材主辅料为猪前夹肉、草头干、鸡蛋、胡萝卜等。制作方法：用刀将猪前夹肉剁成肉泥，加入葱、姜、黄酒、调味料，搅拌均匀，将处理后的草头干和肉泥放入蒸箱蒸制40分钟至熟。这道菜中的草头干美味绝不输于新鲜草头，其味道鲜香醇厚，是张家港这座城市最朴实的乡土味道。

（6）相城稻草扎肉

苏州人经典的四块肉是：春天酱汁肉，夏季粉蒸肉，秋天食扣肉，冬季吃酱方。

苏州相城区稻草扎肉，个头很大，肥瘦相间，肉烧到酥烂，味道甜甜咸咸的，入口即化。稻草不仅是用来装饰的，还能让稻草的清香真正成为入进肉内的"味道"。

（7）昆山万三蹄

万三蹄是江南巨富沈万三家招待贵宾的必备菜，"家有筵席，必有酥蹄"。经数百年的流传，万三蹄已成为周庄人逢年过节、婚宴酒席中的主菜，也是招待宾客的上乘菜肴。万三蹄经过蒸焖，皮润肉酥，汤色酱红，肥而不腻，咸甜适中，肉质酥烂，入口即化。

第三卷 彰显乡村特有功能

二、彰显文化功能

昆山万三蹄

（8）苏州清蒸阳澄湖大闸蟹

西风响，蟹脚痒。到苏州吃阳澄湖大闸蟹，已成为不少上海人的首选。

2. 苏州饮食特色

（1）讲究时鲜

苏州四季分明，季季物产不同，传统饮食素来因时制宜，即使是家常便饭亦很讲究春尝头鲜、夏吃清淡、秋品风味、冬讲滋补。苏帮名菜更是如此，如春有碧螺虾仁、笋腌鲜，夏

阳澄湖大闸蟹

有西瓜鸡、清炒三虾，秋有鲃肺汤、大闸蟹，冬则有母油鸡、青鱼甩水，等等。苏式糕点更有春"饼"、夏"糕"、秋"酥"、冬"糖"的传统产销规律。时令食品还有现做现卖现吃的风味特色，如春季"酒酿饼"、秋季"鲜肉月饼"等。苏州食品美就美在时鲜。

（2）讲究选料

苏州传统饮食以"生活鲜嫩""宁缺不代"为选料原则，鸡鸭鱼肉的选用既讲究部位，如青鱼一条要满四五斤重，用猪肉要选腿精肋条。制作讲究刀功、火功、做功，苏式菜肴以炖、焖、煨、焐为主，融入炸、爆、溜、炒、煸、煎、烤、蒸等烹调手段，精工细作。

(3) 讲究做工

苏州饮食精工细作，要求色泽美、香味美、味道美、造型美四者融为一体。苏州饮食利用食物的天然色素，点缀食品菜肴；利用花卉的自然芬芳，增进诱人的食欲。例如，名菜中的"松鼠桂鱼""孔雀虾蟹"等。船点中的枇杷、桃子、糕团中的园林造型等更是匠心独运、巧夺天工，将绘画、雕塑等艺术手段运用于食品制作，令人叹为观止。

(4) 讲究花色

苏式食品繁花似锦，品种翻新层出不穷，同样一条鱼，红烧、白烧、清炖、白煮，既可烹调成冷盆菜，也可制作成一道汤，鱼头、鱼尾、鱼身分开可翻出种种菜肴。一碗面，有紧汤（指面汤少一点）、宽汤（指面汤多一点）、冷拌、热炒及软、硬、烂等各种讲究，更不用说"浇头"不同的花色面了。苏式食品花色品种多，甜、酸、咸、辣口味广，可谓老少咸宜，赢得了五湖四海朋友的赞美。

(五) 乡愁有寄

古镇、古村落是时代精神的体现，反映的是一个地方的政治秩序、生产方式、社会形态、人文心理和宗教信仰。"人宅相扶，感通天地"。

建筑是人文的表现，是空间的诗。

"看得见山，望得见水，记得住乡愁。""乡愁何寄"？古镇、古村落是乡愁的最佳寄存处。

苏州的古镇、古村落是苏州乡村历史文化的重要载体，承载着不同历史时期的信息，既是历史的见证，也延续着一个地区的文脉。在数千年的岁月里，生活在苏州的祖先为我们留下了丰厚的文化遗迹，古镇、古村落星罗棋布，其文物古迹之多、湖光山色之美、文化氛围之浓，国内少见。

在加快现代化建设的进程中，苏州没有忘记保护古镇、古村落的责任。各级党委政府不断进行着保护、利用古镇与古村落的实践和探索。

1. 开展调查研究，施行分类保护

据调查，苏州全市基本保存或局部留存历史文化遗存及传统风貌的古镇有20余个，古村落有20余个，其他具有历史文化遗存的村庄有55个。这些古镇、古村大体分为4种类型：第一类，历史文化资源丰富，传统风貌基本完好；第二

类，历史文化资源比较丰富，传统风貌大体留存；第三类，有一定的历史文化遗存，传统风貌局部保留；第四类，历史遗存较少。

2. 编制完善保护规划

1996 年版《苏州市总体规划》结合景区规划和城镇布局规划，形成"二城、十古镇、六旅游镇、四区、六村"的城镇、村系统，理顺了古城、古镇、古村的保护层次、保护框架和保护范围。2007 年版的《苏州市总体规划》更加明确了古镇、古村的保护内容和范围，要求保护细化到每一个历史文化名镇和名村。

3. 制定保护法律法规

2005 年 6 月，苏州市政府颁布《苏州市古村落保护办法》，同时还公布了苏州市第一批控制保护古村落名单，为古村落保护专门立法属省内首创。2013 年，苏州市在全国率先出台了《苏州市古村落保护条例》。2018 年 3 月又出台并实施《苏州市江南水乡古镇保护办法》，明确保护对象包括古镇整体空间环境、河湖水系、历史文化街区、具有地方特色的历史建筑物和非物质文化遗产等；提出延续和保持古镇的传统格局与历史风貌，禁止在遗产核心区和缓冲区擅自新建、改建建筑物，禁止在公共场地的护栏、绿地等处吊挂、晾晒物品，禁止随意倾倒垃圾、排放污水等行为；提出对已被列入世界文化遗产预备名单以及后续加入的历史文化名镇，要保持和延续古镇传统格局与历史风貌，维护古镇的真实性、完整性。

4. 出台政策，促成多元投入、全社会参与保护的局面

苏州古镇、古村落保护坚持走"政府主导，社会参与，国家保护与社会保护相结合"的路子，投入以政府为主、社会化筹集为辅；对古镇、古村落保护既明确强制性内容，又提出产业发展的指导意见，既严格落实整体保护规划，又重视原地居民改善住房条件，提高生活质量，妥善处理古镇、古村保护与原地居民之间的利益关系。

中共中央、国务院《关于实施中华优秀传统文化传承发展工程的意见》指出，"文化是民族的血脉，是人民的精神家园"，要求"加强历史文化名城名镇名村、历史文化街区、名人故居保护和城市特色风貌管理，实施中国传统村落保护工程"。

近年来，苏州市积极贯彻落实国家和省级保护要求，通过指导各地编制保

护规划，制定保护方案，排定保护项目，并结合特色田园乡村建设等工作，扎实有序推进保护工作落地见效，有效促进了传统风貌保护和历史文脉传承，形成了一大批传统资源丰富、承载乡愁记忆、具有个性特色和区域代表性的村落。目前，全市已有15个国家历史文化名镇，14个中国传统村落、54个江苏省传统村落（含14个国家级），村落保护数量居全省首位。

★苏州中国历史文化名镇名录

（中国历史文化名镇名村，是指由建设部和国家文物局从2003年起共同组织评选的，保存文物特别丰富且具有重大历史价值或纪念意义的、能较完整地反映一些历史时期传统风貌和地方民族特色的镇和村。）

批次	镇名	简介
第一批 2003年 10月8日	周庄镇	位于昆山市西南，有900余年历史，是元末明初江南巨富沈万三的故乡，玉燕堂、敬业堂为第七批全国重点文物保护单位。周庄四面环水，因河成镇，依水成街，以街为市，"井"字形河道上完好保存着富安桥、双桥等14座建于元、明、清各代的古石桥，原住民枕河而居。周庄因1984年陈逸飞以双桥为主体的画作《故乡的回忆》而名闻中外，被誉为"中国第一水乡"。
	同里镇	位于吴江区东北部，始建于宋代，已有1000多年历史，5个湖泊环抱古镇，网状河流将镇区分割成7个岛，由49座桥连接，家家临水，户户通舟，明清建筑占十分之七，深宅大院、园林小筑随处可见，退思园为第五批全国重点文物保护单位，被联合国教科文组织列入世界遗产名录；思本桥、耕乐堂为第七批全国重点文物保护单位。
	甪直镇	位于苏州城东南，有2500多年历史，古镇区原有宋、元、明、清时期各式石桥72座半，现尚存41座，素称"中国古桥博物馆"；创建于梁天监二年（503）的保圣寺是首批全国重点文物保护单位，寺内的唐代九尊泥塑罗汉历经千年保存完好；唐代诗人陆龟蒙遗址内有两只武康石饲鸭槽是唐朝原物；叶圣陶当年执教的旧址现为叶圣陶纪念馆。
第二批 2005年 9月16日	木渎镇	地处苏州城西的灵岩山麓。相传春秋时代，吴王为西施于灵岩山建馆娃宫、筑姑苏台，工程浩大，聚材3年，"积木塞渎"，木渎由此得名。木渎镇是一座有2500多年历史的园林古镇，寂鉴寺石殿为第六批全国重点文物保护单位，严家花园中有1株玉兰树是乾隆皇帝亲手种植，乾隆皇帝每次下江南游木渎必到的"民间行宫"——虹饮山房，现存御码头、御碑亭等与乾隆皇帝相关的遗迹。

续表

批次	镇名	简介
第二批 2005年 9月16日	沙溪镇	位于太仓市中部，距上海虹桥机场50公里，是一座有1300多年历史的典型的带形江南水乡古镇，"一河（具有千年历史横贯镇区的戚浦河）、二街（老戚浦河南北两岸沿河道长达1.5公里的古街）、三桥（跨越老戚浦河连接南北两岸古街的利济桥、义兴桥和庵桥）、一岛（橄榄岛）"历史风貌完整，沿河吊脚楼河棚相连，延绵数百米。
第三批 2007年 5月31日	千灯镇	位于昆山市东南，距上海虹桥机场30公里，有2500多年历史，是"人类口述与非物质文化遗产代表作"、百戏之祖——昆曲的发源地之一，顾炎武墓及故居、秦峰塔为第七批全国重点文物保护单位，镇上保留着堪称"中国第一当"的余氏典当行和江苏省内保存最完整的明清石板街。秦峰塔下延福禅寺玉佛殿中一尊来自缅甸的世界第一大玉卧佛，被载入吉尼斯纪录大全。
第四批 2008年 10月14日	锦溪镇	地处昆山市西南，是一座有2000多年历史的江南水乡古镇，留存26座古桥、莲池禅院、通神道院、陈妃水冢等诸多人文景观、古迹名胜和水墙门、吊脚楼、落水廊棚、桥楼廊坊等独特的河街集市建筑。有华东地区唯一保存完好的古窑址群落和中国古砖瓦博物馆等10多家各具特色的民间收藏品博物馆，有"中国民间博物馆之乡"的美誉。
	沙家浜镇	位于常熟市南部，明清时期产生进士和举人40位；抗战时期为新四军苏常太抗日游击根据地中心，以沙家浜革命故事为原型创作的现代京剧《沙家浜》唱红大江南北。沙家浜景区内有沙家浜革命历史纪念馆、芦荡湿地、横泾老街等景点，为国家5A级旅游景区，先后获得"中国人居环境范例奖""全国特色景观旅游名镇全国重点镇"等荣誉。
第五批 2010年 7月22日	东山镇	位于太湖东南岸，镇内的紫金庵罗汉塑像、春在楼、轩辕宫正殿和东山古民居为第六批全国重点文物保护单位，陆巷古村为明代正德年间宰相王鏊的故里，村中有"解元""会元""探花"等3座明代牌楼和明代古街、古弄；1985年在三山岛发现1处12000年以前的旧石器时代遗址，把太湖地区的人类历史从新石器时代推前至旧石器时代。
	凤凰镇	位于张家港市南部，历史上共有36位进士、4位状元；保存有南朝四百八十寺之一的永庆寺、千年古树——红豆树、千年古街——恬庄古街等一批历史遗存。位于恬庄古街的杨氏宅第为第七批全国重点文物保护单位，河阳山歌、河阳宝卷被列入国家级非物质文化遗产名录，河阳山歌的代表作《斫竹歌》有6000多年的历史，凤凰镇是中国吴歌之乡。

续表

批次	镇名	简介
第五批 2010年7月22日	古里镇	位于常熟市东郊，镇中的瞿氏铁琴铜剑楼建于清代嘉庆年间，历经五代广寻博采，所藏珍本、善本书籍10多万册，是中国清代四大私家藏书楼之一。白茆山歌为首批国家级非物质文化遗产，《舂米歌》获中国首届农民艺术节最高奖——"金穗奖"，《陆瑞英民间故事歌谣集》获"第九届中国民间文艺山花奖·民间文学作品奖"，古里镇是中国民间艺术之乡。
第六批 2014年2月19日	黎里镇	位于吴江区东南部，自南宋至今已有近900年历史，仍保留着原汁原味的江南水乡风貌和独特的生活气息，历史上各方达官贵人、名门望族来这里定居发展，带姓氏的弄堂占了全镇弄堂总数的近一半，其中有明暗并列、两条暗弄相并的双弄，更有子母弄和三岔式的弄中弄，堪称江南古镇之最；柳亚子故居为第六批全国重点文物保护单位。
	震泽镇	位于江浙交界处，古称"吴头越尾"，是吴江的"西大门"，已有2000多年历史，是中国著名蚕丝之乡。占地2500余平方米、面阔五间、六进穿堂式的高墙深宅——始建于清嘉庆年间的师俭堂三面临水，可前门上桥、后门下桥，为第六批全国重点文物保护单位；始建于南宋咸淳年间的慈云寺塔为第七批全国重点文物保护单位。
第七批 2019年1月21日	光福镇	位于苏州城西的太湖之滨，有2500多年历史，是全国五大桂花产区、四大探梅胜地之一。明清时光福就有专事象牙雕、玉雕、核雕、木雕、佛雕的艺人，被称为"工艺雕刻之乡"，也是全国四大名绣——苏绣的发源地之一。司徒庙内有4株千年古柏，相传为2000多年前东汉光武帝的大司徒邓禹亲手种植；铜观音寺建于梁天监二年（503）。
	巴城镇	位于昆山市西北部阳澄湖东岸，已有2500多年建置历史，巴城人黄幡绰传下歌调、顾阿瑛"草堂雅集"形成昆山腔、明代巴城人梁辰鱼用魏良辅的"水磨腔"填词创作昆剧《浣纱记》，"人类口述与非物质文化遗产代表作"——昆曲最早发源于巴城；巴城的史前文化遗存绰墩遗址为第六批全国重点文物保护单位。巴城一年一度的蟹文化节是江南水乡独有的文化盛会。

第三卷 彰显乡村特有功能

二、彰显文化功能

昆山市周庄镇

吴江区同里镇

吴中区甪直镇

吴中区木渎镇

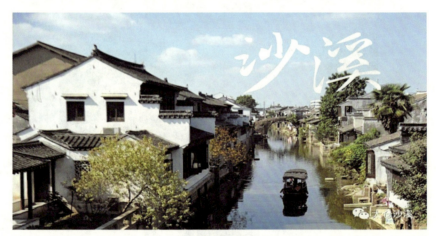

太仓市沙溪镇

昆山市千灯古镇

第三卷 彰显乡村特有功能

二、彰显文化功能

昆山市锦溪镇

常熟市沙家浜镇

吴中区东山镇

张家港市凤凰镇

常熟市古里镇

吴江区黎里镇

第三卷　彰显乡村特有功能

二、彰显文化功能

吴江区震泽镇

吴中区光福镇

昆山市巴城镇

★吴中区加强古村落保护

吴中区是吴地文化的核心区域,也是古村落较为集中的地方,吴中区相关部门制定保护计划,近年来投入3.5亿元用于配套设施建设,堂里、东西蔡、植里、后埠、翁巷等完成了村口风貌、污水处理、三线落地、消防设施、河道整治以及古建老宅保护修复等。

吴中区出台多部古村落、古建筑贷款贴息和经费补助管理办法,针对村民个人文物维修行为设立每年300万元的奖励资金。对保护维修方案30%的设计费和20%的工程总额进行财政补贴。还专门出台《不可移动文物维修审批操作指南》,承诺20个工作日的办理期限,在加强技术服务的同时压缩行政审批流程,便捷村民维修项目申报,减少村民个人文物建筑维修的时间成本。

出台《古村落内私房翻建管理办法》,村落内新建、翻建农房一律由文物部门对方案图纸进行审核并提出意见,在高度、体量、形式、色调上进行控制,并由古村办、村委共同监管。东山镇陆巷启动传统村落保护和环境综合整治,实施沿街立面恢复改造,维护修缮沿街老旧房屋,彰显苏式传统建筑粉墙黛瓦风貌。

注重村落所附着的传统历史文化的保护传承,保持良好的民风民俗,有效提升村落文化内涵。金庭镇明月湾对始建于清乾隆十年的暴式昭纪念馆实施修缮恢复,如今,纪念馆已经对外开放,成为了解中华民族优秀传统文化的窗口、开展廉政教育和爱国主义教育的基地。

村落保护过程中注重与产业经济融合发展,鼓励村民结合旅游发展特色民宿、农副产业,采用货币补偿方式向村民租赁古建筑对外开放,提高村民收入,吸引原住民回归。在壮大村级经济的同时,为保护工作不断注入新的活力。东山镇翁巷着力发展以现代高效农业为主体产业,旅游业和相关文化产业、手工业同步发展,以货物中转运输业为辅助的产业发展模式。陆巷村自2006年起,先后修复惠和堂、会老堂、三祝堂、怀德堂等9处古建老宅,并开办了民俗文化陈列馆、精品旅馆、农家特色饭店,累计投入5000万元,其中政府资金4400万元,民间资金600万元。这个村依靠"当地居民+政府+专家+博物馆工

苏州最古老的村落之一——吴中区西山岛南侧明月湾古村

作站+开发公司+旅行社"的运营模式,将太湖自然生态、"南渡遗地、湾居古村"古村落遗产、江南士族生活、陆巷民俗、民间工艺等5个文化主题加以组合,成为展示江南水乡风貌及"武将出身,经商起家,科举显世"中国传统家族传承的社区博物馆,堪称苏州古村落保护开发的范例。结合旅游开发,该村还以洞庭橘子、碧螺春茶叶、白玉枇杷、"太湖三白"等农副产品为品牌,取得了旅游业与农副业的双丰收。

吴中区东山镇莫厘峰环山路陆巷村

吴中区东山镇太湖上的三山岛村

吴中区东山镇太湖上的三山岛村,位于东山岛以西的太湖之中,因岛上有大山、行山、小姑山而得名。

三、彰显体验功能

农业、农村是与自然密切交织在一起的。人们生活在农村，就会体验到嵌入自然的享受；人们通过农活，就会体验到人与自然包括人与气候、与山川林草的交融，体验到闲适和舒展。"采菊东篱下，悠然见南山"便是东晋末被誉为"田园诗派之鼻祖"的陶渊明的著名诗句。人们对闲适与宁静生活体验的向往自古有之，对心境与自然和谐交融的追求从未止步。

（一）休闲农业

休闲农业是以农业为基础、以休闲为目的、以服务为手段、以城市游客为主要对象，集生产、观光、休闲、旅游等于一体的新兴产业，有助于参与者体验农活，体验乡村生活，体验山水，亲近自然，感悟人生，感悟道法自然、天人合一的哲学道理。

近年来，苏州的休闲农业呈现出快速发展的良好势头。苏州的休闲农业以"三特"为创意，即特色农业、特色乡村、特色民俗；以"三享""三体验""三亲近"为目标，即享受农业、享乐农耕、享福农情，体验生产、体验生活、体验生态，亲近自然、亲近山水、亲近田园陶冶心灵，收获快乐，感悟人生。

开展形式多样的活动，这是彰显农村农业体验功能的有效路径。譬如，组织青少年学生到乡村干农活，组织城市居民到农村春季踏青、夏季避暑、秋季采摘、冬季野趣，举办多种农事节庆活动，通过活动，让人们体验人与土地的循环，体验嵌入大自然的人性感受。

1. 张家港市常阴沙青少年农家体验

张家港常阴沙少年儿童社区实验活动基地占地456亩，设定有主题教育、实践课程、生活体验、种植养殖等六大地区。春光明媚之时，坐着旅游船置身基地的油菜花海，闻着初春的清香；秋风送爽之时，骑着亲子游单车穿行在基地的金黄原野，嗅着大丰收的愉悦。在基地，孩子们在劳动中增长见识，在体验中感悟成长。

张家港市常阴沙农场常东社区稻田摸鱼活动

张家港市常阴沙农场常东社区亲子插秧活动

第三卷 彰显乡村特有功能

张家港市常阴沙农场常东社区少儿农事体验活动

2. 常熟市蒋巷村青少年实践基地

常熟市蒋巷村青少年实践基地占地面积近千亩，建筑面积15000平方米，总投资达6000多万元。该基地的主要功能是让学生体验农耕文明、体验农村生活，拓展户外社会实践。基地成为广大未成年人走进农村、亲近自然和体验社会的重要实践平台。在蒋巷村青少年实践基地，孩子们在农庄满腿是泥兴致盎然地种菜；在科技馆，孩子们体验着雷电的形成；在户外拓展基地，孩子们迎接一个又一个挑战，经历一次又一次锻炼。

3. 吴江区横扇街道"孔雀科普园"

吴江区横扇街道花伴湾总面积约3000亩，依托自然湖泊景观，打造集旅游观光、科普研学、亲子互动、户外拓展、运动康养等于一体的综合性休闲旅游度假区。其中，孔雀科普园（自然科普）获评"苏州市未成年人社会实践体验站"。

吴江区横扇街道孔雀科普园

苏州虎丘区镇湖稻田亲子游活动

(二)组织举办各种农事节庆活动

农事节庆活动是体验农事乐趣的最佳形式。如阳澄湖大闸蟹开捕节,从2002年起每年9月期间举办一次,至今已成功举办19届,是目前全国河蟹行业规模最大、影响最广的活动之一。常熟市的董浜黄金小玉米节自2017年开始举办，每年1次，至今已举办4届，主要包括黄金小玉米新品发布、网红直播带货、玉米产业发展论坛、乡情十二品市集等内容。黄金小玉米节的举办，为"童颜"黄金小玉米的全链条产业创造了难得的发展机遇。其他农事节庆活动还有张家港市凤凰镇桃花节、昆山市淀山湖稻香节、吴江等地的江南油菜花节、吴中区洞庭山碧螺春茶文化节、金庭镇枇杷节、苏州高新区的树山梨花节等。特别是2018年10月，苏州举办首届以"又见鱼米之乡、助力乡村振兴"为主题的中国农民丰收节，至今已连续举办3届，收到了良好的效果。

2018年苏州市首届中国农民丰收节在吴中区临湖镇开幕

2019年苏州市第二届中国农民丰收节在相城区黄埭高新区冯梦龙村开幕

2020年，苏州市第三届中国农民丰收节在常熟市海虞镇七峰村铜官山开幕，节庆活动与农民群众共话增收、共谋发展，为"三农"营造浓厚氛围，既展示苏州农村发展的现实成果又展示农耕文明的当代活力，还展示了乡村振兴的美好前景。活动在水稻开镰仪式中达到高潮，稻田里9台戴着"大红花"的联合收割机同时发动引擎驶入金黄色的稻浪中纵横驰骋，一缕缕金黄的稻穗变成了沉甸甸的稻谷，腰鼓队、舞狮队也在丰收的喜悦中随着音乐声敲打舞动起来。现场表彰了苏州市"十佳新型职业农民""十佳家庭农场"、农村创业创新获奖项目和十大智慧农业品牌，发布了苏州市十大乡村旅游精品线路等。在丰收节上，首批常熟市"千村美居"网红打卡地揭晓。丰收节期间，开展"常熟丰收季"组合活动，包括果品（时令）采摘节、第二十一届沙家浜阳澄湖大闸蟹开捕节暨第四届芦荡千蟹宴活动、太湖流域农业产业绿色高质量发展报告会、第四届徐市百年羊汤节等相关专项活动。在中国农民丰收节主会场区域，33家常熟本地企业带来的上百种优质农产品及特色小吃集体亮相，市民们或赏或品或购，还有网红主播带货直播，一派热火朝天的景象。

2020年苏州市第三届中国农民丰收节开镰仪式

四、彰显旅游功能

乡村旅游已成为当今一种世界性潮流。乡村旅游作为连接城市和乡村的纽带，促进了社会资源和文明成果在城乡之间的共享以及财富重新分配的实现。

现在越来越多的城市人向往乡村生活，宽阔的山水，葱绿的庄稼，清新的空气。到乡村旅游也少不了吃吃农家饭、住住农家屋。到乡村旅游能让快节奏的都市生活有所放缓，让在都市生活的居民了解农民的含义、劳动的艰辛和劳动的意义。

苏州月月有花、季季有果，所以苏州乡村旅游最明显的特色就是"花为媒""果为牌"。在桃花盛开、樱花盛开、梨花盛开、油菜花盛开、荷花盛开、梅花盛开的季节里，苏州的乡村能吸引来自四面八方的游客。与此同时，苏州乡村还大力推进生态与田园、康养、文化、体育、休闲、教育、度假深度融合的旅游模式。

苏州高度重视乡村旅游核心竞争力，想方设法吸引人才、培育典型、树立标杆，推动全市乡村旅游高质量发展。

（一）引进专业管理的文旅品牌公司

常熟市古里镇引入远见集团，打造"新古里铁琴铜剑楼知旅文化街区"，将书店场景、人文旅行、知旅社交和美食生活进行创新整合，打造成乡村旅游发展新样板。昆山市计家墩自2015年开始与乡伴文旅合作，目前已进驻多家特色民宿、各类手工体验工作室和满是生活气息的咖啡馆，打造出一个新乡村生活的共创集群。近年来，一些知名品牌公司的众多项目在苏州乡村纷纷落地，如太仓恒大童世界、太仓复星冰雪世界、吴江融创桃源文旅综合体、张家港双山乡伴塘湾里理想村、常熟沙家浜华侨城欢乐田园、昆山周庄阿里影视基地、吴中漫山岛复星旅文项目等。

（二）培育本土实力的投资建设企业

苏高新集团成立专门投资公司，负责一个村庄的旅游投资和管理，近几年连续投入近20个亿，支持村庄旅游基础建设和项目引进，村庄环境焕然一新，当地村民也通过开设农家乐和民宿，实现了富民增收，过上了幸福美满的高品质生活。张家港永联村成立永联旅游发展有限公司，负责旅游项目投资和开发，立足"农"字特色，深入挖掘传统江南农耕文化，每年投入1个亿，打造出苏州江南农耕文化园。经过多年来的发展，江南农耕文化园不仅旅游产业有声有色，还促进当地2000多名村民就业，真正实现了农村产业结构调整、乡村文化生态重塑和实现乡村振兴。苏州市及其下辖各个市、区都成立了文旅发展集团公司，有条件的乡镇、村也成立了旅游发展公司，对乡村旅游进行开发建设、宣传推广。

（三）精心营造典型成长的良好氛围

苏州各级政府通过组织各类评比和大赛，遴选乡村旅游先进案例和优秀典型，整合乡村旅游资源，展现苏州农、文、旅融合发展成果。苏州每年推出乡村旅游十大精品民宿、10条精品线路，组织农家乐技能大赛，评选"苏式"农家金牌菜，分别给予2000~50000元不等的奖励和补贴金额。吴中区、太仓市等地鼓励乡村民宿发展，对符合标准的改扩建民宿，分别给予5万~35万元的装修补贴。还先后实施"后备厢工程"和"月光经济工程"，全市农产品附加值大幅增加，让农民在"不离乡、不离土"的情况下，扩大就业，提高收入。

1. 农旅融合精品线路

（1）张家港市秋季赏文化遗产体乡趣农耕二日游

线路：凤凰山景区→震宇生态园→田园居酒店→永联天天鲜基地→苏州江南农耕文化园。

静谧的乡村

（2）张家港市永联景区农耕江鲜一日游

线路：张家港市区→永联村→永联旅游景区

张家港市永联景区

（3）张家港市双山香山赏梅踏春一日游

线路：江南香山→双山岛

香山梅园

(4) 张家港市金沙洲观光休闲一日游

线路：锦丰镇→金沙洲壹号庄园

金沙洲风光

(5) 常熟市四季湖光水色芦荡体验三日游

线路：蒋巷村→沙家浜风景区→尚湖风景区

蒋巷村田园风光

(6) 太仓市春夏田园乡村古镇文化体验一日游

线路：太仓市现代农业园区→沙溪古镇→电站村生态园

沙溪古镇夜景

(7) 太仓市红色基地观光采摘游

线路：电站村→太仓市现代农业园区→璜泾镇杨漕村

太仓现代农业园区

(8) 昆山市四季古镇文化体验亲子休闲二日游

线路：水乡锦溪旅游发展有限公司→计家墩理想村→祝甸砖窑文化馆→益点田亲子农场→长云村

锦溪长云村

(9) 吴江区四季长漾特色田园乡村蚕桑文化二日游

线路：众安桥村谢家路→村上·长漾里→苏州玫瑰园→太湖绿洲共享农庄→如家小镇乡野趣乐部

四季长漾特色田园乡村

（10）吴江区四季同里湿地风光有机康养二日游

同里国家湿地公园

（11）吴江区湿地公园一日游

线路：太湖雪蚕桑文化产业园→湿地公园→众安桥村谢家路→村上·长漾里

吴江乡村

(12) 吴江区双花缤纷一日游

线路：同里油菜花节→太湖绿洲桃花节

2017年第四届太湖绿洲桃花节

(13) 吴中区夏季临湖乡村田园体验一日游

线路：太湖农业核心区插秧体验→沐春园→太湖现代农业管理中心→柳舍村

临湖乡村田园风光

(14) 吴中区夏季澄湖慢城水八仙文化之旅二日游

线路：澄湖国际慢城核心区→水八仙文化园→节子浜民宿→瑶盛耕趣农乐园

澄湖国际慢城核心区

(15) 相城区夏秋荷色稻香智慧农业体验二日游

线路：黄埭冯梦龙村→御亭现代农业产业园→荷塘月色湿地公园→苏州花卉植物园

荷塘月色湿地公园

(16) 相城区春夏秋阳澄湖生态休闲二日游

线路：美人腿农业园→莲花岛→苏州阳澄湖现代农业产业园→盛泽湖月季园

美人腿农业园

(17) 相城区冬农趣寓教于乐一日游

线路：渭塘现代农业示范园→中国珍珠宝石城→北雪泾寺

中国珍珠宝石城

（18）虎丘区春夏秋冬树山养身一日游

线路：树山村木栈道→通安现代农业园→四季恒温水乐园

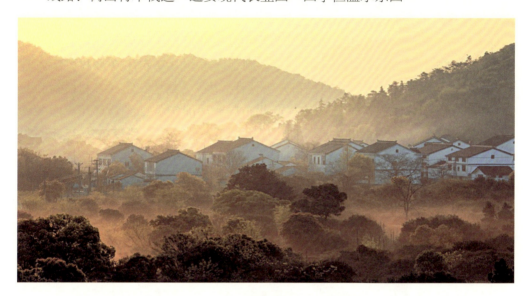

树山人家

2. 精心打造共享农庄

苏州共享农庄（乡村民宿）是指以农业龙头企业、农民合作社、农村集体经济组织、家庭农场等为主要载体，以企业为建设运营主体，以特色农业、乡村民宿共享为基本特征，融绿色循环农业、创意农业、农耕体验、休闲度假、文化传播、科普教育、养生养老、旅游观光、众筹认养、产品展销等于一体，能保障农民参与、受益和满足市民消费需求的乡村产业发展综合体。

2019年以来，苏州市各级农业农村主管部门聚焦乡村产业振兴和率先基本实现农业农村现代化的重点工作，始终坚持目标导向、质量导向、结果导向，加强组织领导，强化政策引导，创新扶持举措，竭力服务指导，注重典型引领，充分调动各主体的积极性、主动性、创造性，加快构建共建共管共融共享联结机制，全市已成功创建57家苏州共享农庄（乡村民宿），规模达到3.4万亩，已成为农村一、二、三产业"三产融合"，农业、文化、旅游"三位一体"的新业态，成为乡村产业发展的一个重要载体，有力促进农业高质高效、乡村宜居宜业、农民富裕富足，助推乡村全面振兴和实现农业农村现代化。

(1) 高起点谋划，明确思路定目标

苏州市委、市政府专门出台《关于加快发展共享农庄（乡村民宿）促进农文旅深度融合的实施意见》，提出总体要求，明确工作目标，确定主要任务，落实保障措施，确立全市2019—2022年发展100个共享农庄（乡村民宿）的路线图、任务书和时间表。制定标准求规范。制定《苏州共享农庄（乡村民宿）建设指南》《苏州共享农庄（乡村民宿）考评评分表》《共享农庄（乡村民宿）投入资金认定标准》，规范基础设施、产业布局、功能定位、经营环境、服务管理、联农带农等6个方面的发展标准，提出必备条件4项、建设条件35项、附加条件3项等3类42项考评内容和要求，促进规范建设、可持续发展，最终实现良性运行。注重奖补强扶持。坚持政府引导、市场运作、企业主体、适当扶持的原则，对成功创建主体进行一次性奖补，每年还适当奖补扶持公共服务环境和设施设备管护。专辟资金创建共享农庄（乡村民宿）区域公用品牌，统一LOGO创意设计和广告语征集，统一对外宣传，统一品牌打造。各县级市（区）奖补政策也制定相应标准，形成了上下联动、共同扶持、合力推进的态势。

(2) 高标准定位，坚持以农为本不变

要求农业特色产业核心面积不低于100亩，是以特色农业、乡村民宿共享为基本特征，融绿色循环农业、创意农业、农耕体验、休闲度假、文化传播、科普教育、养生养老、旅游观光、众筹认养、产品展销等于一体，能保障农民参与、受益和满足市民消费需求的一种新型乡村产业综合发展模式。坚持要素融合不动摇。整合新型农业经营主体、农村集体经济组织、工商资本等资源要素，强化与"三高一美"示范基地建设、美丽乡村建设、农村人居环境整治等有机结合，引领发展农村一、二、三产业"三产融合"，农业、文化、旅游"三位一体"，创业创新创意"三创并举"，生产、生活、生态"三生同步"的新模式、新业态、新路径。坚持富民增收不松劲。强化与农业企业、农民合作社、家庭农场、农村集体经济组织、农户、工商企业等多元市场主体建立利益联结，有效带动周边农民发展餐饮、民宿和特色农产品生产销售，让农民更多分享产业增值收益。鼓励引导农民参与建设管理，直接吸纳农民就业，通过土地流转、股份合作、利润分成、劳动聘用等模式，保障原住农民的参与权和受益权。

(3) 高要求推进，压实工作职责

苏州市委、市政府将发展苏州共享农庄（乡村民宿）作为每年全市农业农村重点工作之一，也是全市乡村振兴和率先基本实现农业农村现代化工作的考核任务之一，构建市委领导亲自抓、主管部门具体抓、其他部门协同抓、上下联动合力抓的工作机制，形成一张蓝图绘到底，久久为功。强化共商共管，苏州市委领导带队先后多次赴创建主体进行现场调研，研究解决相关问题。建立部门联席会议制度，构建共商共议机制。实行半月动态报送制度，重点掌握各创建主体建设进展和存在问题，以利分类指导督办。树立典型标杆，全市每年量化目标任务，细化发展指标，着力培育一批特色鲜明、可复制、可推广的共享农庄（乡村民宿），其中2019年培育10个、2020年全市累计培育50个、2022年全市累计培育100个，树立示范标杆，增强引领带动功效。各共享农庄（乡村民宿）建设取得初步成效，呈现出综合体运行型、集体经济主导型、合作经济带动型、龙头企业主导型、政企联动型等五大发展模式。

（4）多利益联结

据统计，截至2020年年底，全市已创建57家苏州共享农庄（乡村民宿），规模达到3.4万亩，联结各类农业经营主体近400个，提供近1.2万个就业岗位，带动农户0.74万户，年接待1.57亿人次，营业收入达到7.8亿元，经济、社会、生态效益十分显著。促进乡村产业发展。以农业一产为基础，培育绿色农业、创意农业、生态农业、特色餐饮等新业态、新模式，为市民提供农耕体验、休闲观光、众筹认种、产品直供、科普教育、美食民宿等定制化共享服务，既延长了产业链、实现了产业融合，又通过品牌打造促进产品销售，有效地带动了乡村产业发展。保障农民就业增收。通过合作社、集体经济组织，以土地、闲置农房、资产等方式，实行合作、股份、联合等抱团发展，直接参与建设管理，优先提供和安排就业岗位，带动周边农民发展餐饮、民宿、农产品销售，既增加了财产性收入，又创造了工资性收入，实现了农民变股民、农房变客房、资产变资金。壮大集体经济组织。发挥党组织凝聚力、战斗力和号召力强，通过联合公共部门、领办企业与提供服务等方式，积极引导乡村产业结构优化调整和提档升级，既美化了人居环境，又推进了乡村建设，发展了特色乡村产业新型农业项目，培育了集体经济组织新的增长点，达到了带动农民增收的目标。吸引工商资本投入。共享农庄（乡村民宿）建设资金需求量大，调动了工商资本参与乡村振兴的积极性，通过兼并、重组、收购、控股等方式组建龙头企业，强化与新型农业经营主体有效对接，以资金、人才、资产等方式参与联营共建，放大"政府引导、市场运作、多元投入、利益共享"的发展机制。

【新闻链接】　　　首批苏州共享农庄（乡村民宿）

2020年1月13日，苏州市农业农村局、苏州市文化广电和旅游局、苏州市财政局、苏州日报报业集团联合举办苏州共享农庄（乡村民宿）区域公用品牌发布暨授牌仪式。

发布会现场公布了2019年首批认定的14家苏州共享农庄（乡村民宿）名单。首批认定的14家共享农庄（乡村民宿）特色鲜明，可复制、可推广。农庄总规模达8000多亩，带动各类经营主体823个，安排了680个就业岗位，2019年接待游客100万人次以上，营业收入超2.3亿元。

① 张家港市震宇生态园

张家港市震宇生态园

震宇生态园共享农庄成立于2010年，是一个集水产品养殖、农产品种植及净菜加工配送、农业体验、餐饮休闲娱乐等综合业务于一体的生态园区，荣获过"江苏省四星级乡村旅游景区""苏州市五星级农家乐""张家港市农业龙头企业""江苏省自驾游基地"等荣誉,是中国水产科学研究院淡水渔业研究中心在张家港的教学推广基地。

② 常熟市蒋巷书院

常熟市蒋巷书院

蒋巷共享农庄(蒋巷书院),立足于乡村,服务于市民,是蒋巷落实乡村振兴战略,推动新农村建设,实现农业增效、农民增收的有效措施。

蒋巷书院的建设,秉承质朴和本真两大设计理念,期望来到蒋巷旅游度假的人们能够切身体会到在乡村生活的美好感觉。书院为游客提供"回归田园,逐梦乡野"的旅游配套及服务设施。

③ 太仓市电站村生态园

太仓市电站村生态园

电站生态园共享农庄占地面积有500亩，种有30多个林果新品。从2007年开始，电站村依托优质的蔬果基地及毗邻上海、苏州的地理优势，发展观光农业、休闲农业，建设有农家饭店、田园咖吧、露天烧烤、房车露营地、亲子沙滩、阳光草坪、游船码头、守护者户外拓展营地、田园大卖场等完善的农旅融合项目。目前，电站生态园已发展成为一个具有江南特色，集观光、度假、休闲、养生于一体的乡村旅游综合体。

④ 昆山市金华村共享农庄

昆山市金华村共享农庄

  金华村围绕农村生产、生活、生态"三生同步"构建的田园客厅，以市场需求为导向，通过共享田园市集、田园大讲堂、田园村厨、田家家亲子课栈、乡见集、金华桃林、金华花海，发挥当地风景优美、空气清新的优势，有计划、有步骤地开设了一系列类似于金华花海的项目，打造金华的田园新社区。

⑤ 吴江区太湖乡耕

吴江区太湖乡耕

太湖绿洲共享农庄位于吴江东太湖度假区南部,由吴江区太湖绿洲生态农业有限公司运营管理。农庄以"乡耕、乡居、乡食、乡识"为主题,依托优质果蔬产业,融合乡村民宿、科普教育、农耕体验等功能,形成太湖乡耕民宿区、绿洲果蔬示范区、开心村农业科普区及滨湖林草观赏区等四大核心区域,成为都市人心中向往的乡村绿洲。

⑥ 吴江区苏州玫瑰园共享农庄

吴江区苏州玫瑰园共享农庄

苏州玫瑰园共享农庄依托 500 亩"恬静农场",开展生态循环农业示范基地和田园景观农业示范基地"双基地"建设,同时建设 7 大文旅共享项目:恬静农场、健康美食、康养馆、花卉市场、同达文化园、禅意民宿和购物中心,以农耕文化为底蕴,以农业产业为基础,通过整合资源,打通上下游渠道,积极构建农业与二、三产业跨界融合的现代产业体系。

⑦ 吴中区柳舍共享农庄

吴中区柳舍共享农庄

柳舍共享农庄位于太湖之滨，村内粉墙黛瓦、花窗飞椽，极具江南水乡特色。这是一个看得见山、望得见水、记得住乡愁、刻着太湖人足印、充满灵动生活气息的农庄。

柳舍共享农庄占地300多亩，建有柳舍芍药园80多亩、精品民宿14家，是一个集农耕体验（共享菜地）、休闲娱乐、旅游赏景、精品民宿、餐饮住宿于一体的共享农庄。

⑧ 吴中区碧螺茶文化共享农庄

吴中区碧螺茶文化共享农庄

这是由苏州江南茶文化博物馆打造的集非遗文化研学、茶艺观赏、制茶体验、农家美食、果品采摘、休闲度假于一体的"碧螺茶文化共享农庄"。位于东山国家级 5A 景区、全国重点文物保护单位紫金庵旁，也是碧螺春茶原产地保护区。

这里不仅有着优美的田园风光、满山的特色鲜果，以及明清古街古村、江南第一楼等著名景点，更有着传承千年的碧螺春茶文化。

⑨ 吴中区灵湖村精品民宿

吴中区灵湖村精品民宿

  吴中区临湖镇灵湖村位于园博园南部，以围绕农村生产、生活、生态"三生同步"为基础，积极推进农村产业配套结构调整，依靠自身优质自然资源禀赋，促进"农文旅"特色产业互动融合。依托"多元森林·匠心黄墅"设计规划，围绕森林、农田、工匠、村庄、共享等五大板块理念，集中展示工匠文化，弘扬工匠精神及传统乡贤文化，全力打造苏州大市内首批共享农庄。

第三卷 彰显乡村特有功能

四、彰显旅游功能

⑩ 吴中区瑶盛·耕趣农乐园共享农庄

吴中区"瑶盛·耕趣农乐园"共享农庄

"瑶盛·耕趣农乐园"共享农庄位于苏州甪直镇瑶盛村,其以特色农业、乡村民宿为特征,打造融农耕体验、休闲度假、农业科普教育和创意农业于一体的乡村产业综合体。农庄分为民宿生活、农业生产、休闲娱乐等3个功能板块,从事黄桃、猕猴桃、梨、樱桃、枇杷种植,建有亲子游乐场、自然牧场、垂钓设施等,努力塑造苏州市休闲农业和乡村旅游的高端品牌。

⑪ 吴中区东山吴侬共享农庄

吴中区东山吴侬共享农庄

  苏州市东山吴侬共享农庄面积为510亩，根据农业产业类型和功能，农庄分为"一园""一区""一中心"等三个部分，"一园"为500亩茶果产业园，"一区"为10亩民宿休闲区，"一中心"为"果品开发与电商中心"。农庄依托东山吴侬的茶果特色产业，融入美食民宿、农事体验、科普教育等多种功能，打造一个"茶果产业+乡村民宿"的水乡特色共享农庄样板，有效提升东山休闲农业和乡村旅游中高端产品的供应能力。

⑫ 吴中区飞甪农旅共享农庄

吴中区飞甪农旅共享农庄

飞甪农旅共享农庄位于甪直镇湖洪村。农庄对原节子浜 13 户民宿进行了综合改造，并对区域环境、功能配套进行了综合提升，在保留江南乡村建筑原生形态的同时，通过周边农田生态布置，从事绿色生态水稻和"水八仙"的种植，打造"远程种植"、农业科普教育等共享活动。农庄对南部游客中心、中庭生态休闲阳光餐厅与观光栈道进行了改造，牧场、风车、花海层次分明，并配套汽车营地、中型停车场等，打造恬静舒适的田园度假休闲空间。

⑬ 吴中区金满庭共享农庄

吴中区金满庭共享农庄

　　金满庭共享农庄（乡村民宿）位于苏州市吴中区金庭镇，提供果蔬采摘、农家特色餐厅、休闲住宿、垂钓、亲子游、户外拓展、"花石纲遗址"科普宣传、"一分田"土地认种等项目。农庄留存有北宋著名的"花石纲"采石遗址，坚持和倡导"文化传承"的发展理念，把太湖石文化与自然景观、农业、文旅休闲等完美融合。

⑭ 相城区牧谷农庄

相城区牧谷农庄

相城区牧谷农庄位于灵峰牧谷农场内，占地面积有741.7亩，其中农业生产面积480亩，建有牧场、热带水果园、手工体验馆、餐厅、廊桥、蘑菇屋、田园居、休闲渔业等功能区。整个农场采用日本农业产业化主题农场——日本MO-KUMOKU农场的先进建设理念、成熟技术与管理经验，致力于将农场打造成一流的农业教育、休闲示范基地，构建一个集农业生产、休闲民宿、研学工坊、亲子体验、科普教育、观光旅游、文化传承于一体的农、文、旅综合示范基地。

第四卷

创新乡村治理

从"管理民主"到"治理有效",是要推进乡村治理能力和治理水平现代化,让农村既充满活力又和谐有序。

——2018年9月21日习近平在十九届中共中央政治局第八次集体学习时的讲话

要加强和改进乡村治理,加快构建党组织领导的乡村治理体系,深入推进平安乡村建设,创新乡村治理方式,提高乡村善治水平。

——2020年12月习近平在中央农村工作会议上的讲话

乡村治理是国家治理的基石。乡村振兴战略中有一个要求是"治理有效"。乡村治理必须真正做到平安有序，风正气顺。

有效的乡村治理，必须与时代、与客观实际相适应。历史上的乡村治理以及新中国成立以后的乡村治理都有各自的条件和环境。在新的历史条件下，乡村治理模式、治理路径、治理手段在实践中被不断创新。

随着工业化、城镇化的快速推进，农村社会阶层、社会格局发生了明显变化，农村社会治理出现了很多新情况、新问题。党的十九大报告明确提出"要打造共建共治共享的社会治理格局"，这就要求我们改变传统的政府单一管理方式，探索并创新乡村治理的新路径，努力实现政府引导治理、社会广泛参与、村民积极自治相结合的良性互动格局。

苏州各地经过多年的实践、创新，逐步形成了党建为"核"、自治为"本"、法治为"纲"、正风为"魂"的乡村治理体系。

一、党建为"核"

苏州市坚决贯彻落实《中国共产党农村基层党组织工作条例》，以加强农村基层党组织建设为抓手，把党的领导贯穿于乡村治理全过程、各方面。

（一）增强基层党组织政治领导力

苏州市委党建领导小组设立农村基层党建工作专委会，专委会由苏州市委组织部、市委农办、市民政局党委、市财政局党组组成，进一步规范由市委党建办负责召集研究农村领域基层党建相关重要工作机制，强化农村基层党组织领导核心地位，加强对农村各类组织和各项工作的全面领导，全面推行村党组织书记通过法定程序担任村委会主任和村级集体经济组织、合作经济组织负责人，村党组织书记、村委会主任"一肩挑"比例已达到96%。积极打造"美美与共、海棠花红"党建品牌（以苏州园林的海棠花窗为轮廓，中国共产党党徽居中，两侧飘带环绕成心形。今天，一朵别样的"海棠花"，正红遍苏州古城的大街小巷。这是苏州基层党建工作的统一品牌标识，标识以苏州园林花窗为轮廓，形似海棠，四片花瓣代表奋力践行"经济强""百姓富""环境美"和"社会文明程度高"发展要求，一颗红心环绕党徽寓意着全市广大党员不忘初心、牢记使命，为实现中华民族伟大复兴的中国梦矢志奋斗），以村（社区）党群服务中心为主体，整体推进农村基层阵地"三强三优三规范"建设，即引导基层社会治理核心作用强、汇集民情民意枢纽作用强、教育管理党员的熔炉作用强，政务服务优、生活服务优、先锋服务优，规划建设规范化、运行管理规范化、基本标识规范化。全市已精心规划建成2385个"海棠花红"乡村党群服务中心站点，提高了服务能力和品质。

苏州市抓党建促乡村振兴的先进经验，以及昆山市陆家镇邹家角社区利用启发广场小区架空层建设党群服务点，做实"党群直通站、邻里互助站、民情集结站、红管先锋指导站"四大功能，以"最佳角"服务理念，成功培育打造有温度、可感知的"党那里"党群服务品牌的做法等均受到中组部充分肯定和点赞。

（二）提升基层党组织号召力

大力实施村党组织带头人整体优化提升行动，健全村干部选拔任用、教育培训、考核激励等制度，不断提高党组织带头人的能力素质，努力培养更多善谋发展、善带民富的农村"领头羊"。

（三）推进农村小微权力立体监督网建设

围绕在乡村治理背景下构建农村"小微权力"立体监督网，健全农村基层监督体系，配齐村级纪委书记或纪检委员，用好村务监督委员会，构建村级廉政情况监督网络，探索建立"一人一委一网"工作机制，深化村级"小微权力"清单制度，规范基层小微权力运行，进一步强化对村党组织和党员干部的监督。

（四）开展"苏州身边榜样"等活动

苏州市累计命名表彰宣扬先锋基层党组织、优秀带头人、优秀共产党员近千个（名），全市先后涌现出张家港市南丰镇永联村党委、常熟市支塘镇蒋巷村党委以及常德盛、吴惠芳、郁霞秋、葛剑锋等一大批先进集体和个人。

（五）探索基层党建新模式

如加快推进乡村振兴学堂等"1+8+N"村书记能力提升教学实践基地建设，推行"行动支部工作法"，以及张家港市的"薪火计划""兴村特岗书记"，常熟市打造基层党建"海棠"系列品牌，苏州高新区通安党建密织社会综治"红色连心网"等。

吴江区震泽镇众安桥村党群服务中心

常熟市沙家浜镇华阳村花园上先锋读书角

1. "行动支部"工作法

2018年4月,中共苏州市委组织部印发《关于创新基层组织设置和活动方式推广"行动支部"工作法的实施办法》,要求把创新组织设置作为前提、把开展有效行动作为关键、把落实基本制度作为基础,让每个支部都围绕中心工作、重大任务行动起来。全市基层党组织围绕乡村振兴、社会治理创新等12项重点工作,创新组建了3000多个"行动支部"。这些支部充分发挥战斗堡垒作用,冲锋在重大任务一线,为推动苏州高质量发展提供了坚强组织保证。

"行动支部"就是在加强支部自身建设的过程中,根据党员志向、特长与组织需求相结合确定行动方向,探索将支部发挥党员的先锋模范作用具体落脚在为民服务项目、党员志愿服务队及草根社会组织上,让支部党员围绕一个共同的目标"行动"起来。

(1) 明确任务,让支部"行有目标、动有方向"

"行动支部"的建立,是在片区党委领导和统筹下,按照"保持有效开展组织生活的支部稳定、有效发挥作用的支部稳定,有利于加强党员教育管理、有利于开展支部活动、有利于发挥支部主体作用"的"两个稳定,三个有利于"原则要求,根据党员的志向、特长、愿望,鼓励党员自由组合,把支部建在为民服务项目上,建在志愿服务队里,建在草根组织中。

(2) 加强管理,让支部"行有依据、动有规矩"

推行项目化管理,由片区党委制定年度基层党建工作计划,形成一批年度重点项目库;各行动支部根据自身目标,主动申报或认领一项契合行动目标的年度重点项目,并根据承接的项目,制作行动清单、明确时间节点、分解任务到人,让支部每名党员都充分投入自己选择的行动事业。

统筹保障,让支部"行有资源、动有能力"。通过设置片区党建办,建强区域党建工作站,打造行动支部工作网,构建以片区为"一线指挥部"、区域党建工作站为"枢纽"、行动支部为"战斗堡垒"的三级架构,加强村(社区)、机关、企业、学校各类组织共联共建,形成党委统一领导、活动统筹开展、资源统配使用的联动格局。整合各"行动支部"服务内容,结合支部行动充分发挥党员作用。

2. 乡村党员干部培训基地

苏州乡村振兴学堂成立于2018年4月,是江苏省首家乡村振兴综合实践教

一、党建为『核』

苏州乡村振兴学堂

育培训基地。学堂占地面积102亩，拥有5个多功能厅、6个讨论室，建有苏州乡村振兴展示馆、苏州市方志馆苏州乡村振兴学堂分馆、环太湖党建带长廊、监察文化园、法治文化园等展馆。学堂建立了涵盖350多门理论课程的课程库，开拓遍布苏州大市范围内的60个现场教学基地，配备60名现场讲解教员，规划产业兴旺路、廉政教育路、乡风文明路等参观教学路线8条。

近年来，学堂深入贯彻党中央提出的"优先发展农业农村，全面推进乡村振兴"战略部署，以"展示、交流、培训"为功能定位，先后承办第十五届长三角地区党校校长论坛、三届"太湖论稻"专家论坛、"40年40村改革路上看乡村振兴"大型融媒新闻行动等活动，已挂牌住房和城乡建设部"全国美好环境与幸福生活共同缔造活动培训基地""江苏省干部党性教育基地""江苏省巾帼党性教育示范基地""苏州市新型职业农民教育培训中心"等。2021年4月7日，苏州乡村振兴学堂再挂牌为"苏州市行政学院吴中分院"和"苏州市农村干部学院吴中分院"。苏州乡村振兴学堂着力争创"有全国影响力的乡村振兴人才培训基地"，重点加强办学培训、课程开发、师资培育、科研立项、配套设施建设等工作，开办更多高质量培训班、服务高层次干部人才培训需要，为苏州率先基本实现农业农村现代化、全面推进乡村振兴事业贡献更多人才和智慧。

★张家港市锻造乡村振兴干部队伍

近些年来,张家港市将农村带头人队伍建设作为推进乡村振兴的关键之举,以村(社区)"两委"换届为契机,积极推行"薪火计划""定制书记"工程等一系列新举措,持续锻造一支政治过硬、本领过硬、作风过硬的乡村振兴干部队伍。

一、"薪火计划"

"薪火计划",就是明确优秀村书记可享受乡科级公务员职待遇,设立村干部"提级保障、扎根基层、激励先进"专属"奖金池",建立村干部"四岗十五级"专职化管理体系……一项项实实在在的政策,彰显出张家港市关心关爱基层干部、鼓励激励基层干事创业的鲜明导向。

2021年1月初,张家港市264个村(社区)党组织全部完成换届,1323名新一届党组织委员平均年龄39岁、大专以上学历占比94%。

张家港市聚焦培养村书记重大典型和村干部后备梯队,印发"美美乡村·薪火计划",计划用2~3年时间,集中选树20名乡村标杆书记、培养40名兴村特岗书记、储备70名青年村干部,打造乡村振兴"先锋领航"第一梯队,逐步建立健全新时代乡村振兴干部队伍全链式培养体系。

二、"定制书记"

"定制书记",又称"兴村特岗书记",是张家港市培育农村带头人的创新举措。"兴村特岗书记"通过岗位特设、对象特选、职责特定,面向机关年轻中层干部,每两年选拔25名左右、35周岁以下的"兴村特岗书记"进行"点将特培",经过2~3年培养,优先推荐为村书记。

在2021年的全市农村发展大会上,张家港市专门为26名首批选拔的"兴村特岗书记"举办出征仪式。

三、书记讲给书记听

张家港市对村干部培养,不仅给"位子",同时还搭平台。依托江苏省党支部书记学院在该市设立的分院平台,先后搭建"先锋擂台""一亩三分地论坛"等新型学教平台,把优秀村书记请上讲台、让他们走到前台,通过"身边书记讲身边经验"的方式开展各类互动式培训。

第四卷　创新乡村治理

"书记讲给书记听",即市委书记、乡镇书记、机关书记与村书记定期开展面对面交流,基层书记将心里话直接讲给上级书记听,共同为乡村振兴事业"把脉问诊",对村级发展难题"抓方开药"。市委书记每季度定期举办"书记讲给书记听",通过建立问题交办、督办、查办一条龙跟踪机制,使基层干部关心、村民百姓关注的痛点、难点问题得到一揽子解决。一年来,共开展相关活动30余场,闭环处理村级经济发展、美丽乡村建设、基层减负减压、镇村干部交流等各类建议事项350余条。

★昆山市打造"党那里"服务品牌

走进昆山市陆家镇邹家角社区启发广场,"党那里"三个鲜红的大字引人注目。作为一个商业小区,启发广场小区处处充满着红色气息,处处可见党建的引领。邹家角社区实行"网格员+物管员"双员联动进网格,积极推进"党建网格+治理网格+服务网格"三网融合,形成社区治理合力。

一、党建为「核」

213

昆山市陆家镇邹家角社区启发广场"党那里"党群服务点

通过收集民情民意、开展志愿服务、组织邻里活动、协调小区治理，积极推动党建、治理、服务"三网融合"的"最佳角"现代化治理体系，让业主诉求更顺畅、党组织介入更精准、物业服务更到位、问题解决更及时、服务提升更暖心。

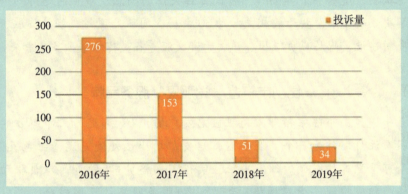

2016—2019年小区投诉量分析图

2019年投诉类别分析图

★常熟市打造基层党建"海棠"品牌

2020年以来，常熟市委以党建为引领，推动党建工作和中心工作互促并进，创新推出"海棠蓓蕾""海棠讲坛""海棠之声""海棠铺子""海棠有约"等"海棠"系列品牌，释放党建工作集成化效应，持续提升基层党组织政治功能和组织力，为推动乡村振兴提供坚强的组织保证。

一、"海棠蓓蕾"

这是常熟市的关于村党组织书记后备人才"海棠蓓蕾"培育工程，

具体包括加强后备人才选拔培养、源头储备等，目的是优化农村基层干部队伍梯次结构，切实选准、用好年轻干部，拓宽来源"选好苗"、改进方式"育好苗"、提高质量"用好苗"、毫不放松"管好苗"，科学规划年轻干部选育培养全链条。

二、"海棠讲坛"

这是常熟打造的新颖的基层干部教育培训模式。该模式更加注重培训对象的"用户思维、客户体验"，结合实际，每月确定一期培训主题，设置3到5门专题课程，邀请相关行业领域干部、人才、专家、学者等，分类设立"四说一会"培训讲坛，即"干部说""青年说""书记说""人才说"，以及"新思想、新技术、新知识"专题学习会，围绕政策理论、操作实践等多个维度，让顶层设计的人讲方向、获得成功的人讲经验、具体实践的人讲方法，使专题培训更加系统深入。2020年以来，已分类举办"四说一会"28期，累计培训学员3286人次。

三、"海棠之声"

这是常熟创新推出的党建宣传品牌。"海棠之声"坚持多平台全域融合，市、镇、村全面覆盖，以"常熟党建"微信公众号为载体，整合百节"初心"党课、云上读书台等现有音视频资源，充分展现身边的感人事迹。制作推出《海棠之声》电视、电台节目，开通党建抖音号——"望虞登峰"，用短视频展示各级党组织和广大党员担当作为、干事创业的精神面貌。为了让党的声音更加接地气、有乡情、聚人气，常熟还将全市443个远教站点作为"海棠之声"实体化站点，组织党员收听、收看党建节目，并以"有线广播+无线音箱"的方式在各村、社区发布相关内容，以点带面，辐射全域。

四、"海棠铺子"

这是常熟市委为在对口扶贫中更好发挥党员先锋模范作用搭建的一个平台。"海棠铺子"把本地优质农特产品和对口帮扶的贵州省思南县近百种优质农特产品，依托小程序，实现线上统一推荐销售，邀请镇长和"海棠蓓蕾"上阵代言、直播带货，以"红色风暴"对冲疫情影响，帮助企业解决销售难题。

五、"海棠有约"

这是常熟市委为巩固完善基层治理"共商共办"的一个制度品牌。"有约",就是有时间约定。"海棠有约"从市级机关部门党员中选聘百名"红色代办员","组团"赴基层开展服务,"面对面"宣讲常熟政策,还"点对点"答疑解惑,专项服务每半月举办1场。依托网格化社会治理联动指挥平台和12345热线系统,建立了'海棠有约·共商共办'基层治理平台。"海棠有约"将问题、矛盾在平台汇总后,邀请相关职能部门参加共商共办联席会议,推动问题的解决。

常熟市2020年村党组织书记后备人才——"海棠蓓蕾"培育工程·辛庄专场现场

★通安镇密织"红色连心网"

苏州市虎丘区通安镇密织"红色连心网",探索党建引领社会综合治理网格化管理,实现党组织与社区网格同步构建、一体运行。

通安镇在社会综合治理网格化建设中,围绕"党建引领、多网整合、智能支撑、精准服务、务实管用、群众满意"的基层社会治理目标,以党建引领社会治理网格化建设,在全镇健全党建网格,实施"红色连心网"项目。

全镇9个综治片区、27个行动支部、68个连心网格,400余名网格工作者,深入基层,扎根群众,逐步构建党群连心、和谐善治的社区治理格局。

通过"红色连心网",通安镇实现网格管理"单元化",科学划分"镇党委—社区党组织—社区中的片区党支部—楼栋党小组"四级党建网格体系,将党组织的力量延伸至社会治理的"神经末梢"。实施"1+5+N"工作法["1"即网格长;"5"即网格巡查员、网格督导员、网格城管员、网格警务员、网格警务信息员;"N"即网格内结对共建的机关、企事业单位党组织及党员志愿者,各级人大代表、政协委员,村(居)民代表、物业公司、业主委员等群众性自治力量],推动服务下沉,开具"三张清单"(即一级网格梳理能够下沉的高频服务,列出"服务清单";二级网格发掘社会优质服务团队和服务资源,形成"资源清单";三级、四级网格了解社情民意,形成网格居民"需求清单"),实现网格联动"协同化",推动支部与网格融合、资源和力量下沉、服务与需求匹配,助推基层治理资源整合、服务精准、效能倍增。

★淀山湖镇党建引领社区治理"四大效应"

昆山市淀山湖镇在社区治理上坚持以"一核三抓手"和"四红四强"为指引,凝聚区域内多方力量共同参与社区治理。

一、重构治理体系,激发多元共治"陀螺效应"

探索实施"一核三点四驱"党群融合工作法,以党建引领为核心,通过三个试点社区先行示范,组织动员党支部、居委会、物业企业、业委会或议事会居民代表等四方力量;组建6个社区"大党委",成立"社区互助联盟",任命20名社区"大党委"专职委员和33名兼职委员,解决群众反映多、怨气大的基础民生问题。

二、发挥党员作用,释放先锋模范"红色效应"

建立辖区党员大名单,将党员融入小区网格中,实行"党员积分管理",开展"在职党员进社区"活动,对党员志愿者划分包干区域,组建矛盾纠纷调解队、便民志愿、环境保护等志愿服务队伍,实施"居民点单—社区党群服务中心派单—党员回单"的闭环服务,在疫情防控、安全隐患排查、文明城市创建等行动中,汇聚起推动基层治理和服务群众的强大合力。香馨社区以"党群半月谈"为抓手,收集并整改党员、居民代表反映的问题,针对居民垃圾分类"随意投放"问题,成立党员"管家团",引导居民"主动自觉破袋",小区环境面貌进一步得到改善,香馨社区党支部荣获"昆山先进基层党组织"称号。

三、引导业主自治,形成业主自治"头雁效应"

实行"15分钟党群服务圈",打造五级业主服务群平台,小区的业委会或议事会组织负责收集广大业主关注的焦点问题,分类梳理问题后,召开小组会议形成统一意见,抄送居委会和物业,实现小事不出小区、难事共商解决。淀湖社区打造"同心369"党建服务平台和公益组织,开展各类居民治理和志愿服务,依托"爱心存折"项目,通过"服务累积分,积分享服务"模式,不断提升居民的参与感、获得感和幸福感,推进党建工作与居民自治工作融合发展。

四、力补能力短板,多措并举破解"木桶效应"

注重在物业企业中发挥党员先锋作用,把物业骨干培养成为党员,将物业响应速度、服务质量和问题解决效率作为物业考核的重要因素,物业协助开展垃圾分类、文明城市创建等志愿服务,不断强化物业协同治理、服务群众的能力。

淀山湖镇党建引领社区治理

第四卷　创新乡村治理

一、党建为『核』

★优秀带头人——常德盛同志

常德盛

　　常德盛，男，汉族，中共党员，1944年7月出生，江苏常熟人，江苏省常熟市支塘镇蒋巷村党委书记。1966年9月至今，常德盛在蒋巷先后担任了7年大队长，46年大队、村党组织书记。50多年来，常德盛同志始终抱着"天不能改、地一定要换"的决心，带领蒋巷全村干部群众，把蒋巷建设成为共同富裕、环境秀美、风清气正的社会主义新农村，走出了一条"农业起家、工业发家、旅游旺家、生态美家、精神传家"的强村富民之路。2018年，全村经济总产值10亿元，村民人均收入5万元，人均社区股份制分红10000元。

　　1966年，常德盛当选蒋巷大队大队长。当时的蒋巷村土地高低不平、十年九涝，是全县最落后的穷困村。

　　正是当年那个23岁的年轻共产党员，在村民面前许下了这一诺言："穷不生根，富不天生，让农民一定要过上好日子。"从此常德盛一诺千金，拼尽全力带领村民脱贫致富。

　　20世纪60年代开始，常德盛带领全村开始了长达10多年的治水改土工程，靠着一副肩膀、两只竹筐，将1200亩的低洼地全部垫高了1米。

改革开放春风吹来,常德盛看准市场需求,带领全村人迅速建起两条彩钢复合板生产线,他在家当书记、出门当推销员。1992年的一天,常德盛因乘坐的载货面包车发生车祸,左眼被撞瘪,缝了28针,如今视力仅0.2。一只损伤的眼睛,数不清的昼夜兼程,常德盛让这个在农村创办的小工厂,逐渐成为华东地区知名的钢结构企业。

如今,蒋巷村的社会总产值超过了10亿元,村民人均年收入也从1978年的206元提升到了5.25万元。

五十余年,弹指一挥间。村民们笑称,老常还是那个老常,蒋巷村却变了大模样。

2021年1月10日,常德盛不再担任村党委书记,任村党委第一书记。如今的常德盛,依旧每天奔波在村里的各个角落,他永远惦记着村里的一草一木、每家每户。常德盛说:"因为我是共产党员,更是农民的儿子。"

一句话管一辈子,常德盛凭着一位中国农民最质朴的诚信情怀,凭着一个中国共产党人为人民服务的庄严承诺,用一辈子的精神去践行、去实现当初立下的誓言。

二、自治为"本"

村民自治在乡村治理体系中发挥着主体性、根本性作用。苏州市不断健全乡村民主自治制度,创新基层民主治理形式。

(一) 扎实做好民主选举

村(居)民委员会选举,是我国社会主义民主在基层最广泛的实践形式之一,也是基层群众自治制度这一我国基本政治制度的核心要求。2013年、2016年、2021年,苏州市按照全省统一部署,依法组织开展村(居)委会换届选举[2018年年底,全国人大修订村(居)委会《组织法》,村(居)委会任期由3年统一调整为5年]。2000年,太仓市创新村委会选举方式,率先探索采用无候选人"一次直选"方式并取得成功,并逐步在全市推广。2010 年,苏州市第四届居委会选举首次普遍采用"两票直选"方式。在历次换届中,全市选举登记率、参选率、一次选举成功率均保持较高水平。在 2020 年启动的新一届换届选举中,苏州市根据扫黑除恶、疫情防控等有关要求,进一步细化操作规程、完善资格联审程序,确保选举依法依规、平稳有序。通过定期换届,村(居)委会不断吸收新鲜血液,优化班子成员,为苏州高质量发展提供坚强有力的基层组织保障。

(二)深入推进民主协商

2015 年,中央办公厅、国务院办公厅出台《关于加强城乡社区协商的意见》,对推进社区协商制度化、规范化、程序化提出了明确要求。2017 年,苏州市委办公室印发《关于加强城乡社区协商的实施意见》,鼓励各地建立各类村(居)民议事组织,在基层党组织领导下广泛开展"微自治"实践。截至 2020 年,全市村(居)民议事会、小区自管委、乡贤理事会、协商共治小组等城乡社区议事组织覆盖率超过 90%,通过民事民决民办的方式解决诸如高空抛物、占道堆物、毁绿种菜、车辆停放等一批长期困扰群众生活的关键小事。各地因地制宜建立健全议事清单、议事规则、协商成果采纳、落实、反馈等机制,不断规范民主协商议事程序。张家港市探索创新村民自治"五步工作法",促进"群众的事群众商量,大家的事人人参与",获评第四届"中国法治政府奖",并入选第一批"全国农村社区治理实验区";昆山市周市镇市北村和张家港杨舍镇李巷村入围"全国百个优秀村规民约案例";常熟市"两平台双议事"、吴中区"古樟议事"、相城区"板凳夜话"、苏州高新区"三三制"治理等社区协商品牌亮点纷呈。

(三)不断完善村(居)务公开

早在 2005 年,苏州市就成立了市村务公开和民主管理工作领导小组。2006 年,苏州市委、市政府办公室印发《村级民主管理制度》,对村务公开的内容、形式、程序、频次等进行初步规范,并于 2008 年正式编发《苏州市村务公开目录》。2017 年,根据中央和国家十二部委《关于进一步加强村级民主监督工作的意见》《江苏省实施〈中华人民共和国村民委员会组织法〉办法》《江苏省村务公开目录》等文件，苏州市对《苏州市村务公开目录》进行了修订和细化，并颁布《苏州市居务公开目录》。2019年，苏州市委党建办下发《关于进一步规范村级党务村务公开的通知》，进一步明确了村级党务村务公开的具体内容和流程规范，做到"四规范"，即：规范公开时间——每月定期对村务进行公开，对群众有要求的实行计时公开；规范公开内容——凡群众关心的热点问题及村里的重要问题都要向村民公开；规范公开程序——村务公开的内容事前由村民理财小组逐项审核，由村负责人和民主理财小组成员签字才能上墙公开；规范公开场地，在村中人口比较集中的地方设立村务公开栏，便于群众监督。全市行政村都达到了"七个一"的标准，即一个村务公开小册子，一个村务公开栏，一个村务公开民主决策流程图，一套村务公开民主管理档案，一个民情反映箱，一个群众意见反馈栏，一部"小宪法"即村规民约。

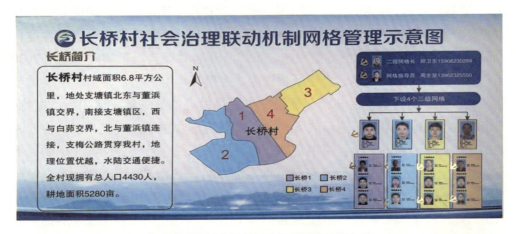

常熟市支塘镇长桥村社会治理网络管理上墙

张家港市冶金工业园（锦丰镇）社会综合治理网格化联动分中心现场

太仓市浮桥镇"乡规民约"联合签名承诺

常熟市支塘镇蒋巷村村民踊跃"村规民约"签名

常熟市海虞镇香桥村正在召开村民议事会

★张家港市村民自治五步工作法

2015年下半年起,该市首先在杨舍镇试点探索村(居)民自治工作,在市民政局指导下,总结提炼"五步工作法",即:转变一个观念,高频率组织基层干部参观学习,推动思想观念由"替民做主"到"由民作主"转变,确定群众主体地位;把好一个方向,通过具体的机制设置,确保"党引民治"实效化;开好一个村民大会,破解村民大会组织的种种难题,让村民自治法理上长期缺失的短板得以加长;订好一个章程,按照《村委会组织法》规定,制定、修订《村民自治章程》《村民公约》,并组织各村召开村民大会予以通过,让群众自我决策、自我管理、自我服务有据可依,有规可循;建好一个平台,创新搭建以"村民议事会"为主要形式的社区协商平台,并制订完善了议事规则,确保由民作主常态化,落到实处。通过"五步工作法",初步建立了"基层党组织领导—村(居)议事会民主协商—村(居)民代表大会民主决议—村(居)委组织实施—村(居)务监督委员会民主监督"的基层群众自治新机制。

张家港市杨舍镇善港村村民大会会场

该市在深化村（居）民自治工作方面不断探索创新，以深化村（居）民自治为切入口，加强社区议事协商，构建完善以党建引领为核心，以网格管理为基础、以社区协商为手段、以社区服务为目的、以三治融合为支撑的"一核四元"社区治理新机制。基本构建了政府依法"善治"、群众有序"自治"、多元协同"共治"、社会整体"法治"的良好格局。村（居）委会行政化色彩逐步淡化，基层社区治理实现了"替民做主"到"由民做主"的转变。

2016年，张家港市探索创新的村民自治"五步工作法"，促进了"群众的事群众商量，大家的事人人参与"，获评第四届"中国法治政府奖"，并入选第一批"全国农村社区治理实验区"。

★太仓市"政社互动"治理机制

"政社互动"2008年发端于太仓市，2012年在苏州全市推行，其后在全省推广、全国推介，其意义在于探索厘清基层政府和基层群众性自治组织的权责边界，推进政府部门和基层群众性自治组织有序衔接、良性互动，推动城乡社区回归自治本位、服务本位。"政社互动"实践作为苏州市创新基层社会治理的特色品牌，写入2013年全国村务公开协调小组1号文件，受到中组部原部长赵乐际、国务委员王勇、中央书记处书记赵洪祝和民政部、江苏省各级领导的批示肯定，得到《人民日报》、中央电视台《新闻联播》栏目等主流媒体的关注，被中国社科院和有关高校专家、学者誉为"我国行政审批制度改革后行政改革的第二次革命"，并荣获第三届"中国法治政府奖"，获评"2015年度中国社区治理十大创新成果"并位列榜首。

在总推引太仓经验的基础上，苏州全市农村"政社互动"治理日益健全提升。

一、厘清两份清单，明晰政社权责

2014年，苏州市出台《关于规范村（社区）相关工作事项的名录》，将村（社区）的工作职责细化为两份清单，即：《基层群众自治组织依法履职事项市级指导清单》（居务，9类）、《苏州市村（社区）

协助市级部门工作事项》（政务，55类）。政府部门委托村居协助的工作事项签署协议书，村居"一揽子"承接，政府"一揽子"支付；清单以外的政府工作事项要进入村（居），应通过协商或以购买服务的形式进行。每年年终，基层政府与村居组织之间对照委托协议书开展双向评估，改变政府单向考核方式。通过契约式管理，改变了基层政府把自治组织作为行政延伸的"思维定势"和群众性自治组织的"行政依赖"，最终目标是推动社会治理重心下移，打造"共建共治共享"的基层社会治理新格局。

二、完善机制流程，促进社区减负

在严格事项准入方面，2013年、2014年，苏州市出台《苏州市规范工作事项进社区暂行办法》《苏州市规范工作事项进社区促进社区减负操作办法》等文件，明确"两份清单"以外的新增工作事项，须经县级党委常委会议或政府常务会议审议批准，方可进入社区的准入制度。姑苏区还对通过合法合规审查的新增进社区事项实行集中听证，由相关部门代表、居民代表、社区工作者代表和专家进行讨论审议。在清理盖章证明方面，2013—2014年，苏州市就对市级部门开展服务管理需村（社区）盖章事项进行了第一轮清理，并发布"清单"。2018—2019年，苏州市民政局联合苏州市政府法制办等相关部门对社区"万能章""法外章""奇葩章"等盖章证明乱象开展了新一轮专项清理，于2019年7月修订社区盖章事项名录17类，并在全国地级市层面率先发布社区盖章证明"负面清单"。

三、拓展"三社联动"，引入社会力量

在"政社互动"实践过程中，苏州市将"社"的主体由最初的基层群众自治组织扩大到各类社会组织。通过近十年的探索，形成了以项目为载体的"三社联动"工作体系，深化了"政社互动"内涵。一是加大投入力度。2011年，苏州在全省率先开展公益创投活动，扶持培育社会组织和专业社工参与社区服务和社区治理。"社区党组织为民服务专项经费"可根据需要用于向社会组织购买服务，支持"三社联动"实践。2016年以来，苏州市委、市政府出台试点方案，全面推进"社区服务社会化试点"，向专业社工机构购买常态化、综合性社区服

务，力求逐步推动社区治理领域的社会化、项目化、专业化。据不完全统计，10年来，全市累计投入近20亿元扶持发展社会组织，社会组织和专业社工已成为参与城乡社区治理、提供社区服务的重要补充力量。二是规范项目管理。结合历年项目管理实践，梳理形成了包含项目设计、项目实施、项目管理的一系列通用框架，形成了项目日常协调、监管评估、实务技术、财务管理指引等系列管理规程，其中项目《计分管理办法》《财务管理指引》为全国首创。三是创设智慧平台。在市级城乡社区综合服务管理信息平台中重点打造"三社联动"模块，组建"项目库""资源库"和"需求库"，实现各类落地社区的服务项目全流程线上管理，为采集居民需求、链接服务资源、管理服务项目、辅助决策分析提供信息化手段，力求不断提升各类社区服务项目运行的信息化、智能化水平。四是融汇社区治理。苏州市的各类三社联动项目尤为注重引导社会力量参与社区治理，即不仅购买为各类弱势群体、边缘群体提供的服务，也购买了较多社区治理类的项目，包括培育发展社区社会组织并提升其社区治理能力，由社会组织协助引导居民开展社区焦点难点问题的治理，在项目的征集、实施、评价过程中强调居民的全链条参与等，让三社联动项目成为撬动社区"微自治"、完善村（居）民议事组织和议事机制建设的抓手，推动居民身边的小、急、难事快速有效解决。

★ "全科社工" 服务模式

2016年以来，为盘活社区人力资源，扭转社区工作条线化、柜台化倾向，苏州全面取消城乡社区政务服务按条线设置和办理，建立"综合受理、区域通办、一门服务、全科社工"工作机制。各地针对动迁社区、老城区、开发区的不同特点，因地制宜建立"一站多居""前后台，AB角""全员全科"等不同服务模式，让居民"找到一个人，办成全部事"，让社区工作者从"柜台"走出来，有更多时间和精力走近居民，了解社情民意，提供精细化、个性化服务，此项改革获评为"2018年度全省现代民政建设创新成果"。2020年9月，为进一步营造改革氛围、培育先进典型、激发火红热情，苏州市民政局会同市总工会、市人社局高规格举办全市首届"全科社工"业务技能大赛,优胜者获评市、县级"五一劳动奖章""技能能手"荣誉。

★昆山市全面实施村规民约

村规民约是由村民自己制定,为村民共同遵守和认可的行为规范,具有观念引导和行为约束的作用。村规民约是村民进行自我管理、自我服务、自我教育、自我监督的行为规范,是引导基层群众践行社会主义核心价值观的有效途径,是健全和创新党组织领导下自治、法治、德治相结合的基层社会治理机制的重要形式。

近年来,昆山市全面推进建立切实可行的村规民约,对于持续长效加强基层村民自治、提升乡村文明、传承道德文化、维护乡村秩序发挥了积极的作用。

规约制订得接地气。如:巴城湖村为规范蟹业经营市场秩序,约定"承包经营讲信用,合同签订要照办";东岳村为整治群租房问题,约定"遵守房屋租赁规定,严禁群租房行为";巴城社区为移风易俗,约定"喜事新办、丧事简办、禁止大操大办";茅沙塘村针对"空巢老人"较多问题,约定"要孝老爱亲、保护妇孺、弘扬和睦家风"。

规约内容得入人心。采用通俗易懂喜闻乐见的形式加强宣传教育,让乡规民约内容入心入脑。开展好家风好家训"阳澄人家"品牌系列教育活动,扩大"昆山好人""巴城好家庭"等典型的影响面。开发"水韵巴城"微信公众号,推动村规民约走进年轻人。创作一批贴近生活的文化产品,用身边的人和事教育村民,昆歌《美哉阳澄湖》、小品《错、错、错》分别获昆山市"琼花奖"首届群众文化创作节目会演音乐舞蹈、戏剧曲艺类二等奖,相声《孝子贤孙》参加长三角曲艺展演。

规约履行得奖惩分明。评定规范透明,组织村民代表评选优秀、认定违反约定的行为,并对外公示。在制度实施过程中着力推进奖惩并举同步。在奖方面:以村规民约遵守情况为基础,评选"五好家庭""文明户",并给予一定的物质奖励;有些村还明确,对主动维护村规民约的家庭,在推荐参军、就业上给予支持。在罚方面:凡有违章搭建、乱抛垃圾、非法上访等行为的,取消其当年享受福利政策的待遇,并在村民大会上通报。

规约功效得多维拓展。把村规民约宣传与党员干部下基层活动相结合，一边宣传村规民约一边送服务上门，增强规约向心力；与安全生产教育相结合，增强村民安全意识，鼓励村民发挥监督作用；与社会治安工作相结合，形成群防群治的局面；与精神文明建设相结合，在基层建成一批"苏州市乡风文明志愿岗"，"苏州市文明乡村""书香社区"等创建品牌发挥了良好的示范效应。

常熟市常福街道明晶村"村规民约"宣传墙

三、法治为"纲"

推进乡村治理，任何时候都离不开法治这个"纲"。苏州市在乡村治理工作中法治先行，立足苏州法治乡村建设布局，会同社会综合治理各联动部门及村（居）委会力量，共同巩固乡村普法阵地建设，大力营造法治乡村环境氛围，丰富乡村法治文化活动形式，提高乡村群众的法治获得感和幸福感，共同描绘具有时代特征、苏州特色、乡村风情的法治乡村美好画卷。

（一）夯实法治基础，实施"四个一"工程

1. 源头治理，织密一张乡村互动普法宣传网络

借助网格化社会治理力量，"警格+网格"双网融合，加强矛盾排查和风险研判，及时收集分析热点、敏感、复杂矛盾纠纷等信息，结合执法工作特点及收集掌握的问题情况，紧跟社会热点、治安形势，综合分析群众普法需求，按照分类普法、因人施策的要求，结合乡村振兴、结合疫情防控、扫黑除恶、长江流域禁捕、打击防范电信网络诈骗、道路交通秩序大整治等重点，推动法治宣传教育从"大水漫灌"向"精准滴灌"转变。利用网上论坛、政务热线、网上警务室、警民联系微信群等多种载体，实时收集群众法律需求和矛盾纠纷线索，及时响应群众需求，供给输出个性化、定制化的普法内容。

2. 整合力量，建强一支乡村普法宣传队伍

全面落实"谁执法谁普法"职责要求，组织民警、辅警、社会团体、村（居）委会、法律工作者、广大志愿者等力量，以基层派出所为单位建成专业普法宣传队伍，广泛开展普法宣传，提供高质量法律服务保障。至2021年，全市乡村普法专业队伍已达13000人。

乡村普法宣传队伍深入田间地头、村民家中开展普法宣传，扩大普法宣传影响力，加强精准式普法宣传、多样化法律服务，切实增强村民法治观念和法治意识，在乡村形成办事依法、遇事找法、解决问题用法、化解矛盾靠法的良好法治环境。

3. 突出重点，开展一系列乡村群众性法治宣传活动

对照普法责任清单，紧抓时间节点，对应主题开展集中宣讲、现场咨询解答、法治文艺活动等形式多样、各具特色的专项法治宣传活动。突出开展新颁布法律法规学习宣传，开展《中华人民共和国刑法》《中华人民共和国行政处罚法》等专项学习宣传活动。2020年，全市共开展各类乡村普法及其他治法文化活动3000余场次，参与活动村民42万人次。

通过"执法式普法"，推进普法与执法有机融合，把热点案（事）件依法处理过程变成乡村普法公开课，面向村民讲解法律法规，增强普法宣传针对性、

有效性，展示公安严格、规范、公正、文明执法的良好形象。

紧抓社会热点，以村民身边人、身边事为主要内容，梳理并发布相关案（事）例，讲好案例故事，突出"以案释法"，教育引导广大村民自觉守法。

4. 发挥实效，用好一批乡村普法宣传阵地

利用各种乡村宣传阵地和平台载体，全方位、多渠道集中宣传习近平法治思想、宪法及公安法律法规，解读法律适用、守法要求、防范须知、用法解决问题的方法和路径。

注重自有阵地建设应用。在全市乡村区域内，用好606个警务室、338个调解室，及时响应合理诉求，畅通纠纷依法解决法律业务通道；认真研究矛盾问题依法处置工作法，针对不同对象、不同诉求，积极探索场景化解决路径。

发挥便民利民服务点作用。推进派出所服务窗口进驻乡镇（街道）为民服务中心，目前，全市共有86个派出所进驻68个为民服务中心，至2020年年底，按照"应进必进"的要求，各地已建立乡镇（街道）为民服务中心的，属地派出所100%进驻乡镇为民服务中心，因条件限制确实无法进驻的派出所，采取挂"分中心"或委托为民服务中心接件流转等方式完成进驻，为村民提供更加便利的政务服务。

按照共建共治原则，积极融入法治社区、法治街道、法治学校、法治公园等法治文化阵地建设，推进一批具有标志性、引领性、示范性作用的公安法治文化建设示范项目，打造建强公安法治文化示范点；开展系列公安法治文化建设优秀项目评比活动，评选出一批优秀普法队伍、优秀普法脚本、优秀普法作品等；通过先进示范引领，带动全局、营造声势、打出品牌。

（二）推进法治建设，开展"四方面"活动

苏州将"推进法治乡村建设"作为一项重要任务，推动基层"自治法治德治"进一步融合发展。

1. 深化"送法进乡村"活动

强化普法主体责任，深入开展"尊崇宪法、学习宪法、遵守宪法、维护宪法、运用宪法""美好生活法典相伴""法护人生法进家庭法润村居""农民工学法活动周"等系列普法活动，广泛宣传宪法、《民法典》及农民群众生产生活

密切相关的法律法规。抓住"国家宪法日""《民法典》宣传月""中国农民丰收节"等节点，利用庙会、集市等时机，整合新时代文明实践中心（所、站）司法行政工作室、农家书屋、德法讲堂等阵地平台，每年面向每个村（社区）组织开展"普法助民村居行""'百案说法'村村行"等普法惠民服务不少于2次。

2. 深化法治示范村（社区）创建活动

持续开展省级民主法治示范村（社区）建设巩固提升活动，健全动态管理机制，加强全国民主法治示范村（社区）电子地图的展示运用，积极促进乡村"三治"融合发展，推广"以村民小组或自然村为基本单元的村民自治""楼道自治""院落自治"等自治形式，建立村（社区）"小微权利清单""监督责任清单""流程事项图"的"两单一图"监督机制，创新应用家庭积分制、道德红黑榜等德治方式，推动每村建立一个议事协商平台，确保村级各项事务在法治轨道上运行。

3. 深化村（社区）"法律明白人"培育活动

扎实推进"法律明白人"培育工程落实落地，面向村（社区）发放"法律明白人"读本，推动各地建立"法律明白人"人员遴选、业务培训、管理使用的长效机制，引导"法律明白人"参与村（居）务管理、开展"援法议事"活动、参与基层公共法律服务和投身法治创建活动。到2021年年底，村（社区）每个基层治理网格培育1名以上"法律明白人"。

4. 深化乡村法治文化建设活动

推进乡村法治文化阵地全覆盖建设，丰富拓展法治庭院、法治广场、法治长廊等普法阵地法治元素。推动有条件的村结合法治文化阵地集群建设打造特色明显、形式多样、体验性好的法治文化示范阵地。各地每年创作具有鲜明地域特色且群众新闻乐见的法治小品、法治戏曲、法治三字经等法治文化作品30部以上，村每年组织法治灯谜竞猜、法治文艺表演等法治文化活动4次以上。

（三）提高法治实效，推进"四大行动"

苏州以"看得见法治元素、听得见法治声音、找得到法治服务、受得到法治保障"为目标,积极实施法治乡村建设体系完善、基础强化、惠民服务、载体优化"四大行动"。

1. 实施体系完善行动,用好法治乡村建设"指挥棒"

按照"党委统一领导,司法行政牵头实施,组织、宣传、民政、农业农村等部门齐抓共管"的原则,强化法治宣传教育领导小组、守法普法协调小组、普法责任制联席会议等主体责任,推动各级党政主要负责人履行法治建设第一责任人职责,加强乡村法治建设组织保障和落实机制。

2. 实施基础强化行动,推进法治乡村建设"全覆盖"

将村公共法律服务工作站与新时代文明实践中心(所、站)、村党群服务中心、人民调解委员会融合,依托农村网格化治理体系,打通乡村社会治理"末梢神经"。打造"立法民意直通车",线上线下相结合,发布与群众生活息息相关的征求意见,同步收集各类反馈意见。建设"法律明白人"辅导站,全市10543名"法律明白人"实现二级网格全覆盖。

3. 实施惠民服务行动,提升人民群众法治"获得感"

全市2170个村(社区)法律顾问100%全覆盖100%实体化运作,为村(居)民提供高质法律服务。村(社区)法律顾问每月到村(社区)现场提供不少于8小时的法律服务,每季度至少到村(社区)举办1次法治讲座;依托"法润民生微信群"等载体,定期发布法治宣传信息,及时响应群众法律服务需求。2019年至今,全市已组织法律顾问赴村(社区)13334次,提供村(社区)治理法律意见5309条,举办讲座5969次,取得了良好的社会效益。

4. 实施载体优化行动,赋能法治乡村建设"新路径"

深化基层民主法治建设,以开展"民主法治示范村(社区)巩固提升年"活动为抓手,加强指导督促,加强质量建设。创新法治宣传教育方式,全市各地涌现的"法治评弹""法治戏曲""法治歌舞""法律夜市""法治文艺村村演"等品牌项目,深受村(居)民欢迎。至2020年年底,全市共有国家级民主法治示范村(社区)16个,省级民主法治示范村(社区)1054个。

太仓市浏河镇东仓村广泛开展普法宣传

吴江区松陵街道梅里村法治文化园

★常熟市探索实践综合执法"四位一体"运作模式

常熟市作为全省首家推行镇域综合执法改革的县级市，近年来，积极探索实践综合执法"一个执法主体、一支执法队伍、一个执法平台、一套执法规范"的四位一体运作模式，取得了显著成效。

一、三大体系打造强引擎

在综合执法改革中，常熟市始终坚持"科学、依法、规范"工作导向，围绕职能、队伍、制度三个体系协同发力，按照"先行试点、按需放权"原则，分领域、分批次、分阶段下放行政处罚事项。2020年8月，对镇域（街道）相对集中行政处罚权进行综合评估、集中调整，实现了综合执法改革权力内容"一张网"。同时坚持执法重心全面下沉，善做"机关减法"和"基层加法"，推动执法资源和执法力量向基层一线下沉。明确各镇新组建综合执法局副科级建制，整合原镇"七站八所"力量，与市级执法部门下派执法人员、新招录执法辅助人员共同组成新的综合执法队伍，确保与工作相适应。

二、三个融合助推加速度

常熟市积极探索新形势下综合执法新思路，以"三融驱动"打造独具常熟特色的"综合执法+"品牌。

突出共建共创，创新"综合执法+普法"新模式。落实"谁执法谁普法"责任制，在琴川街道综合执法局建成全省首家综合执法普法教育基地，得到省、市领导的肯定；建立健全事前预警告知、事中执法宣传、事后学法评价等机制，将普法融入综合执法全过程，有效扩大"综合执法+普法"的影响力。

突出共融共享，探索"综合执法+司法行政"机制。明确共融共享改革任务、打造立体化执法监督体系、激发资源共享融合效应，首提司法所负责综合执法案件法制审核，先后审核重大行政执法案件866件。司法所提供法律专业资源，围绕权力下放领域相关法律知识及实务操作，对综合执法人员进行培训，提升执法能力水平。发挥司法所横向监督作用，落实行政执法公示、全过程记录和法制审核"三项制度"，常态化参与综合执法，及时指出并纠正执法程序、证据收集、执法规范等问题，不断规范综合执法行为。

突出共享共用，建设"综合执法+大数据"平台。运用云计算、大数据、物联网等现代信息技术，自主开发常熟市综合行政执法网上操作平台，建设智慧司法云管理平台，集成后台业务、移动执法、大屏指挥"三大系统"，汇集现场执法指挥、执法数据分析、执法信息公示等功能，实现对各镇（街道）综合执法管理运行的实时、动态、可视化管控，推动跨区域、跨部门、跨层级信息数据共享共用，监管、执法所有流程数据留痕可查。

三、三个提升彰显新成效

经过5年实践，常熟市镇域综合执法改革试点工作取得突破性的成效，服务大局能力、乡镇街道效能、行政执法效率得到有效提升，为全省乡村治理提供了可推广、可复制的"常熟经验"。

围绕常熟市委、市政府中心工作，运用各种执法手段，强势开展各类执法工作，在"六稳""六保"、文明城市创建、优化营商环境等重点工作中发挥了关键作用，提供了坚强的执法保障和力量支撑。有效解决多头执法、多层执法、重复执法等突出问题，执法主体更加集中，执法责任更加明晰，切实提升乡镇街道效能。各镇（街道）综合执法局"一支队伍管执法"，综合运用受理执法、专项执法、随机执法、联动执法等手段，切实提升精细化管理水平。

镇域综合执法改革还有效解决了"管得着的看不见、看得见的管不着"难题，真正实现基层政府行政管理权责一致；通过执法资源和执法力量下沉，充分解决机关臃肿、基层薄弱等实际问题。综合执法监管方式实现了被动型向主动型、粗放型向精细型、突击型向长效型的转变，实现了执法效能和社会效益的"双提升"，有效增强了基层群众的满意度和获得感。

★普法直通车开进永联村

2021年5月的一天，张家港南丰镇永联村请该市法院法官上课，70余名"楼道长"就民间借贷纠纷的预防和处理接受教育。法官在了解该村整体民间借贷涉诉情况的基础上，针对"楼道长"的年龄和文化层次等特点，从生活实际和司法实践出发，一起分析探讨了民间借贷的三个基础性问题：一是如果有人向你借款，是借还是不借？二是如果决定要出借，借条怎么写才有效？三是如果他人借款不还，如何主张自己的权利？

张家港市法院法官上课现场

通过上述三个问题的共同分析、探讨，"楼道长"对民间借贷的风险预防、借条的规范书写以及诉讼权利的行使程序有了一定的了解。同时，活动以现场模拟写借条、法官当场点评的方式，增强了互动性和实效性。

此次针对民间借贷纠纷的普法直通车，对在乡村基层群众中建立民间借贷应有的风险防范意识，规范民间借贷领域的相关行为，引导树立通过法律途径解决相关纠纷，对民间借贷纠纷的诉源治理、从源头化解矛盾和纠纷，以及提升乡村振兴的法治起到了一定的推动作用。

★苏州开展"民主法治示范村（社区）"创建

按照《江苏省民主法治示范村（社区）动态管理办法》和探索标准化管理的要求，严把"三道门"，不断提升基层民主法治建设质量和水平：一是严格把控"入门"关。加强资格审查，严格按照"民主法治示范村（社区）"创建标准进行考核评估，确保创建实现质量、数量双达标。全市共建成国家级"民主法治示范村（社区）"16个，省级"民主法治示范村（社区）"1054个，创建率达48.6%。二是严格"门内"单位的规范管理。在日常督查、催促自查的基础上，借申报评审的契机,对全市范围内已被命名的示范单位进行抽查,对存在问题提出整改意见,并严格要求其限期整改,更好地发挥示范单位的引领作用。三是督促"门外"单位加快创建步伐。充分发挥先进典型的示范引领作用,大力弘扬张家港市永联村、昆山市市北村、吴江区叶泽湖村、吴中区旺山村等的先进经验,鼓励各地及时总结、宣传和推广,带动一大批村(社区)的创建工作。同时,注重提档升级、提质增效,深入基层调查研究,全面了解基层民主法治创建情况,充实完善"民主法治示范村"建设指导标准,强化动态考评机制,探索第三方评价机制,定期对已命名的全国和省级"民主法治示范村(社区)"开展复核,大力培育农村"法律明白人",建立健全乡村援法议事平台,推动法治乡村建设深入开展。

四、正风为"魂"

苏州农村精神文明建设一直走在全省乃至全国前列。全市各类文明村镇占比达60%,创建了350个国家级、省级、市级文明村镇,通过大力弘扬文明新风尚,革除陈规陋习,推进移风易俗,努力提升农村居民文明素养。

(一)以思想建设为引领

积极培育和践行社会主义核心价值观,通过身边人讲身边事,广泛传播文明新风尚。借鉴城市文明创建的经验,提升现代文明意识,努力把镇、村建设成为环境优美、秩序优良、服务优质、管理优化的区域性经济文化中心。深入宣传习近平新时代中国特色社会主义思想,培育和践行社会主义核心价值观,积极弘扬爱国主义精神。

(二)以先进典型为标杆

深入开展群众性精神文明创建活动,共创成1500余个全国级、省级、市级文明单位,以及文明村镇、文明社区、文明校园,数量位居全国、全省前列。

农村精神文明创建成效显著,有 155 个村镇被省文明办评为 2016—2018 年度"江苏省文明村镇"。在各级文明单位创建的基础上,抓好各类窗口单位、乡镇企业和村镇、岗位的结对共建活动,倡导文明生产、文明经营、文明服务,城乡各类单位结对共建数量达 25000 余个。大力推进移风易俗,在农村广泛建立"乡风文明志愿岗",因事设岗、以岗促建、优化乡风。广泛选树"农村文明户标兵",先前在农村地区参与率较低的献血、捐遗、捐髓等公益活动在全市农村逐渐普及。苏州市积极培育和践行社会主义核心价值观,用身边的感人故事引导群众崇德向善。常态化开展"我推荐、我评议身边好人"寻访活动,创新开展"道德评谈"等群众喜闻乐见的活动,全市共涌现出"全国道德模范"(含提名奖)8 人,"江苏省道德模范"(含提名奖)26 人,"中国好人"169 组/182 人(截至 2021 年 2 月),"江苏好人"233 组/252 人(截至 2021 年 3 月),其中一半典型来自农村。各类文明先进单位每年定点帮扶城乡困难群众 30 万人次,捐款捐物数额达 2 亿元。大力推进移风易俗,在农村广泛建立"乡风文明志愿岗",广泛选树"农村文明户标兵"。

(三)以文明实践为抓手

全市 4 市(县)6 区新时代文明实践中心实现全覆盖,建成新时代文明实践所 115 个,覆盖率达 100%;建成新时代文明实践站 2027 个,覆盖率超 90%。以建立完善农村文化设施为重点,丰富农民的文体生活,不断促进农民素质的提高。完成 671 个村(社区)综合性文化服务中心标准化建设,全市实现了村村有文化广场,"农家书屋"不仅实现了全覆盖,而且达到了硬件设施现代化、科普资料多样化、使用功能综合化。大力推动公共文化服务均等化,打造城乡"10 分钟文化圈"。深入推进"舞台艺术四进工程""三下乡"等文化惠民工程,年均开展各类惠民展演展示活动 7 万多场次,为基层、农村送书超过 25 万册,送戏 6000 场次,送电影 2 万场次。

(四)以乡贤文化为依托

近年来通过举办"新乡贤·新乡村"——"名家论贤"座谈会,进一步挖掘和推广当代乡贤典型,继承和弘扬"乡贤文化",鼓励创新发展当代的乡贤文化,助推社会主义核心价值观落地生根。广泛开展"新乡贤"寻访活动,编辑出版《苏州新乡贤》一书，集中展示新乡贤们的风采，起到了很好的示范引领作用，吸引和凝聚更多的新乡贤效力乡里。传承和弘扬乡贤文化。将乡贤文化与社会主义核心价值观有机融合起来，鼓励有条件的镇、村两级组织通过整理村史、村志及其他文史资料发现乡贤，挖掘老干部、老教师、老职工等乡贤，推荐评选道德模范。目前，获得省级、国家级荣誉的乡贤代表有100多人，形成了良好的典型宣传氛围。设立"乡贤志愿者工作室"，充分发挥优秀乡贤人员的志愿服务力量，利用好社会资源优势，搭建服务基层群众的"连心桥"。

吴中区胥口镇召开全镇"百名好人"表彰大会

张家港市永兴村百米孝道义举、红色文化长廊

张家港市永兴村百米孝道义举、红色文化长廊展示发生在张家港湾区域和永兴村境内的红色故事与人物介绍，传承中华民族千年孝文化和红色革命精神。

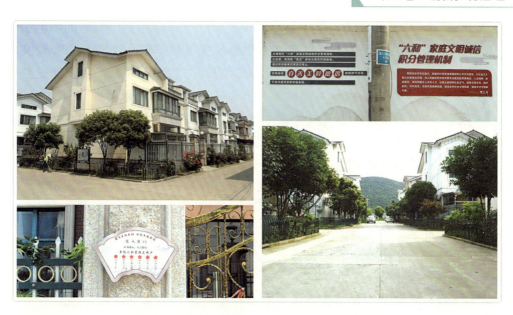

常熟市虞山街道大湖甸村"六和"家庭星级文明户评比

2018年以来,常熟市虞山街道大湖甸村创新性地开展了"六和"家庭星级文明户评比项目,对应家园建设、环境建设、家庭建设、文明建设、民主建设、公益建设等6类项目,设置"六和"星级称号,村民可根据年终得星数量兑换奖励。

★ "乡风文明志愿岗"

近年来,苏州市在农村广泛开展建立"乡风文明志愿岗"的活动,因事设岗、以岗促建、优化乡风。目前,共设定了"共建致富""法制宣传""移风易俗""好人评荐""爱心帮扶""邻里互助""家庭和谐""科学教子""矫正帮教""文体活动""护村治安""绿化护理""环境卫生""禁毒禁赌""廉洁监督"等15个"乡风文明志愿岗"。全市农村普遍建立了"乡风文明志愿岗"服务站,并成立服务队,根据不同的岗位设立若干分队。各村结合自身实际,采取普遍号召、重点组织、自愿参加的方式,动员各类政治素质高、有一定的专业技能、有较强的奉献精神、热心社会公益事业的人士加入"乡风文明志愿岗"队伍。整合了护村嫂、护绿嫂、保洁嫂、"五老"队伍等活跃在农村的各支队伍,推动"乡风文明志愿岗"志愿服务队伍不断壮大。同时,围绕提升农民综合素质、建设优美整洁的农村环境、弘扬农村文明风尚、丰富农民精神生活等方面组织开展各项活动，促进乡风、村风优化。市、县（市）区、镇（街道）、村（居）建立了"乡风文明志愿岗"活动的领导体制和工作机制，出台了相关实施意见和考评细则，形成了四级网络覆盖体系。目前，全市55个乡镇、1041个行政村实现了"乡风文明志愿岗"全覆盖，岗位志愿者人数达到10万余人。

通过"乡风文明志愿岗"这一有形载体，在全市农村广泛开展"倡导移风易俗、推进乡风文明"主题教育实践活动，倡导树立文明节俭、个性现代的婚嫁新风，厚养薄葬、科学文明的丧葬新风，艰苦奋斗、勤俭节约的节俭新风，崇尚科学、反对迷信的文明新风，带动农民共同提高文明素养，优化农村社风。在广大农户中大力弘扬"崇文尚教、勤劳守信、温文友善"的苏州传统家风，开展好夫妻、孝儿女、好婆媳、好邻里、好母亲评选表彰活动。改善农户家居环境，开展文明生态庭院创建和爱国卫生运动，倡导环保家居、绿色家居，引导农民保持居室卫生、创造良好环境。选树"文明户标兵"典型，目前，全市各类星级文明户已达10余万户。

通过开展"乡风文明志愿岗"活动，有效提升了农村居民科学文化水平和思想道德素质，农村人文素养、行为习惯、环境面貌、社会风气发生了可喜的变化。农村居民普遍反映，现在文化娱乐设施多了，参加社会公益活动多了，环境面貌更美了，村民生活更加充实了。

全市已经成功创建了33个国家级、155个省级、239个市级文明村镇，县级以上文明村镇达835个。

★太仓市文明家庭建设诚信积分管理

太仓市紧紧抓住家庭这个社会"细胞"，深入实施文明家庭建设诚信积分管理工作，促进农民文明素质和乡风文明程度提升。

一、守正创新，倾力构筑精神文明新高地

2016年，太仓市文明办在璜泾镇试点开展文明家庭建设诚信积分管理工作。2019年5月，太仓市文明委下发《新时代太仓市文明家庭建设诚信积分管理工作实施意见》，召开全市农村精神文明建设现场会，在全市推广文明家庭建设诚信积分管理工作，实现一户一卡的家庭文明诚信档案，构建起科学合理的诚信积分管理体系，将抽象的文明乡风具体化，动员和引导广大居民积极建设文明家庭、积极倡导移风易俗、积极参与志愿服务、积极传承好家风好家训，全面激发家庭这个社会细胞在文明共建中的积极性和能动性。

二、举措扎实，积累家庭诚信积分新经验

在推进积分管理过程中，采取扎实措施，使积分实施、管理、激励等一系列问题得到解决。一是科学设置积分。按照"因需设置、因事设置"的原则，根据各村实际，将文明家庭建设诚信积分管理工作与文明城市创建、"331"专项整治〔"331"专项行动是苏州市委、市政府于2018年5月5日部署启动的一项行动，主要任务是聚力整治"三合一"场所、出租房（群租房）、电动自行车、"九小场所"和小微企业等领域的突出火灾隐患，推动全市消防安全形势持续平稳向好〕、城乡人居环境整治、垃圾分类等重点工作结合，将积分考核内容制作成卡片，建立一户一档的家庭文明档案。通过对积分卡中项目的自我评估，实现对文明家庭创建的诚信检验。二是规范评估流程。组建由"老干部、老党员"等乡贤人士构建的积分评审队伍，吸收先进工作经验，孵化志愿团队，构建"户自评—组初评—评审团审核"三级评分机制，对积分的运用通过集体讨论进行商定。积分采取百分制形式，每项如何评分在积分评价体系上明确规定。三是落实积分应用。建立积分奖惩体系，在加大财政投入力度之余，充分挖掘社会多元资本活力，引导有责任心的大型企业投身家庭诚信积分建设事业，每年按照每户最终的积分情况实施积分兑换、表彰奖励、嘉许礼遇等激励措施，形成政府主导、社会参与、人民主体的文明家庭建设诚信积分新格局。

三、广泛参与，传播引领乡村文明新风尚

以新时代文明实践站所为主宣传阵地，充分利用道德讲堂、文化书场等教育资源，开展形式多样的宣传活动，营造出大家、小家诚信建设同向发力、同步提升的良好氛围。一是结合各类活动发动参与。在村党员议事会、村民代表大会、民主决策日、新时代文明实践活动等各类活动中广泛宣传，让党员、干部、群众在学习讨论中不断加深对文明家庭建设诚信积分管理工作的了解。二是结合片区管理发动参

与。划分积分管理片区,广泛动员村民组长和积分评审队伍志愿者挨家挨户做宣传解释工作,根据实际情况填写积分卡,进行系统辅导培训,确保将项目内容准确传达至每户。三是结合文艺创作发动参与。村民自发创作排演以文明家庭建设诚信积分管理工作为主题的情景剧小品《诚信卡》、舞蹈《文明村庄奏乐章》、快板《歌唱核心价值观》和朗诵《诚信之光》等,利用群众喜闻乐见的方式广泛宣传。

★昆山市实施"红7条""白9条"

昆山市把推进移风易俗作为创建全国文明城市、建设美丽昆山、实施乡村振兴、创新社会治理的重要内容,以婚丧嫁娶改革为重点,制定实施"红7条""白9条",在办事方式、时长、规模、礼金等方面推行系列指导标准,通过"六个到位"推进移风易俗落地见效。

一是宣传到位。在村(社区)宣传栏和红白事中心、小区出入口等醒目位置,发布移风易俗公益广告。通过广播、电视开机画面、手机推送等方式,结合道德讲堂、市民学校等载体,持续深入宣传,扩大受众范围和社会影响力。实施"喜事新办不攀比 白事简办不迷信"专项行动,通过动漫、快闪视频、宣传片、口袋书、小品等形式,推动婚丧新风进村入户。

二是组织到位。所有行政村、社区均建立红白理事会,用群众自己的规矩管好群众自己的事。比如,淀山湖镇红白理事会建立报备、监督、劝导、奖惩"四项机制",实施国旗下秀一秀、公益事做一做、爱心屋捐一捐、宴请费降一降、份子钱减一减等"五个一"项目,创作"乡村文明七字歌""移风易俗三字经",推广"婚事新办平价菜单",起到了很好的引导作用。

三是联系到位。凡遇群众办理喜事或丧事,村(社区)"两委"主要负责同志都主动上门,喜事祝贺,丧事慰问,同时做好移风易俗倡导宣教。"五老"、新乡贤、志愿者积极发挥作用,从政策落实、村规民约、红白事操办标准等角度劝导不要大操大办。

四是示范到位。组织党员干部、人大代表、政协委员、昆山好人、道德模范、时代乡贤、工商企业人士以及教师、医生、国企员工等重点人群率先签订承诺书，引领形成喜事新办、白事简办的文明新风。

五是典型到位。对在推进婚丧嫁娶移风易俗中涌现出的各类带头人物，通过媒体宣传、社会宣传、文艺宣传等多种形式进行报道，营造移风易俗光荣的舆论氛围，引领更多群众自觉践行。

六是奖罚到位。建立激励机制，对遵守"红7条""白9条"的，在场地租借费用上予以减免，并作为评选"文明家庭标兵户"的重要条件。建立惩戒机制，对不落实"红7条""白9条"的，根据当事人具体情况，给予取消相关荣誉称号、取消评优评级资格、取消财政性政策资金奖励或补助等相应的惩戒。目前，昆山市11个镇（区）的行政村（社区）喜宴中心、白事中心配置率达50%，超标准大墓整改率达100%，群众红白事份子钱负担有效降低。

后　记

《农村现代化的苏州答卷》一书，是一部反映苏州农村现代化现实面貌、总结苏州农村现代化探索实践的专著，与之前出版的《农业现代化的苏州故事》《农民现代化的苏州印象》一起，比较全面地展示了苏州探索率先基本实现农业农村现代化的成果。长期以来，苏州在全省乃至全国中国特色社会主义建设的伟大实践中一直发挥着重要的探路先锋作用。站在开启全面建设社会主义现代化国家新征程的重要历史节点，苏州开拓前进，启动探索东部沿海发达地区率先基本实现农业农村现代化的实践道路，以先行先试、探索探路的担当，努力打造展示社会主义现代化农村的"最美窗口"。我们把当下苏州农村现代化的现实模样、实践探索呈现给大家，就是客观地反映苏州一以贯之地践行"为全国发展探路"的担当，希望能够在推进社会主义现代化建设新征程中为全省、全国提供一点有益的启示。

本书在导语中给农村现代化下了一个定义，作为一种开创性尝试，欢迎各位读者批判、校正。

本书是由苏州市农村经济研究会和苏州市农业农村局历时近两年的时间合作完成的。在编写过程中得到了苏州市委、苏州市政府分管领导的重视和支持，苏州市农业农村局吴文祥局长对本书的编写在人力、物力上给予大力支持。苏州市农村经济研究会会长孟焕民同志是本书的总主持人，他确定了本书的总体思路、篇章架构、主要内容，拟定提纲、撰写导语，并进行了统稿、终审。苏州市农村经济研究会常务副会长倪春鑫同志对初稿进行了统稿并作了重要修改。

苏州市农业农村局和苏州市农村经济研究会组织专门力量开展编写工作。参加本书文稿编写的有（按姓氏笔画排序）于明华、王芳、仇烈、朱凌云、刘宁、刘聪、孙正娟、张莉、张龙全、孟焕民、施赞红、洪泽洲、倪春鑫、徐莉莉、彭乙申、葛畅、葛菲、蒋澄刚、谭建林等同志，在编写过程中这些同志群

后 记

策群力、精诚合作，确保了编写任务的按期完成。苏州市委组织部、宣传部（文明办）、政法委；苏州市教育局、工业和信息化局、公安局、民政局、司法局、人力资源和社会保障局、自然资源和规划局、住房和城乡建设局、园林绿化管理局、城市管理局、交通运输局、水务局、文化广电和旅游局、卫生健康委员会、体育局、统计局、医疗保障局，苏州市残疾人联合会、工商业联合会、慈善总会，苏州供电公司等部门，以及各县（市）、区农业农村部门为本书的编写给予了很大的支持，提供了丰富的材料，在此一并表示衷心的感谢。

在本书编写过程中，编写人员参考和引用了相关文献资料，吸取了专家学者的部分思想观点，未能在书中逐一注明，敬请谅解，并向他们表示诚挚的谢意。

通过《农业现代化的苏州故事》《农民现代化的苏州印象》《农村现代化的苏州答卷》这三本书的出版，我们以"故事""印象""答卷"的方式，比较全面系统地反映了苏州农业、农民、农村现代化的进程及广大干部群众所做的努力。由于"三农"是融为一体的，这三部专著的内容虽各有侧重，但仍难免有重复交叉的地方。另外，对农村现代化的系统研究时间还比较短，且农村现代化内涵丰富，目前仍处于大力推进、动态演变的过程中，苏州农村现代化的许多方面也还在实践探索中，本书的章节安排除了可能仍有一定的交叉之外，观点和内容也难免仍有疏漏，不足之处敬请读者批评指正。

苏州大学出版社为本书的出版提供了大力支持，在此表示衷心的感谢。

编者

2021 年 12 月 27 日